GegenSpieler – das sind Biographien und Geschichte(n) aus dem 20. Jahrhundert, das sind Menschen im Wettbewerb der Ideen und Überzeugungen, das sind die Namen und Köpfe zum Zeitalter der Extreme. Ihre Rivalität ist mal wohlwollend, mal unerbittlich, aber verspricht jederzeit Spannung. *GegenSpieler* – das sind auch Phänomene ihrer Zeit, die vor allem in der Auseinandersetzung an Profil gewinnen, denn das eine funktioniert nur bedingt ohne das andere. *GegenSpieler* – das sind immer zwei Seiten derselben Medaille.

Beide wuchsen in der arrangierten Leichtigkeit des Seins auf, und ihr Lebensweg schien vorherbestimmt: **Elisabeth Alexandra Mary von York** kam »nur« als Tochter eines jüngeren Bruders des künftigen Thronanwärters auf die Welt. **Diana Spencer** als drittes Mädchen einer unglücklichen Ehe, die nur noch auf einen männlichen Stammhalter hoffte. Jahrzehnte später treffen Elisabeth und Diana in völlig veränderten Rollen aufeinander: Königin die eine, designierte Thronfolgergattin und Schwiegertochter die andere. Rasch werden die unterschiedlichen Lebens- und Rollenverständnisse der beiden Frauen deutlich: hier rigorose Pflichterfüllung und absolute Verschwiegenheit als Ziele an sich, dort glamouröse Prominenz und mediale Inszenierungen als Plattformen für mehr. Doch es zeigt sich auch, daß beiden einiges gemeinsam ist. Auf schwierige emotionale Situationen reagieren Elisabeth und Diana gleichermaßen mit Verstörung und Rückzug. Doch während die Queen sich jederzeit in Repräsentanz flüchten kann, führt bei Diana die Strategie ins Leere. Erst die öffentlichkeitswirksame Offensive, die sie sucht, macht aus ihr und der Queen Gegenspielerinnen im besten Sinne: Jede für sich wird eine ebenso absolute wie endgültige Verkörperung gesellschaftlicher Paradigmen und Phantasien – Fixpunkte im Koordinatensystem kollektiver Welterfahrungen.

Tom Levine, Jahrgang 1964, lebt in Berlin und London, wo er als freier Korrespondent für die *Berliner Zeitung* schreibt.

GegenSpieler

Tom Levine

Lady Di

Königin Elisabeth

Fischer Taschenbuch Verlag

Herausgegeben von Claudio Gallio

Originalausgabe
Veröffentlicht im Fischer Taschenbuch Verlag GmbH
Frankfurt am Main, November 1999

Fischer Taschenbuch Verlag GmbH,
Frankfurt am Main 1999
Typographie: Katja von Ruville
Gesamtherstellung: Clausen & Bosse, Leck
Printed in Germany
ISBN 3-596-14494-9

Inhalt

Vorwort   9

1. Die arrangierte Leichtigkeit des Seins –
   Kindheiten   19

2. Die inszenierte Kraft der Romanzen –
   Männer   53

3. Das Jahrhundert der Projektionen –
   Traumprinzessinnen   75

4. Das kalte Schweigen der Wahlverwandtschaft –
   Konflikt   99

5. Das Fegefeuer der Eitelkeiten – Krieg   131

   Nachwort   163
   Zeittafel   172
   Literatur   175
   Bildnachweis   176

Vorwort

»Wie viel Behagen muß ein König
missen des sich der Einzle freut? Was
hat ein König, das dem Einzlen fehlt,
als allgemeine Zeremonie nur? Und
was bist du, du Götze Zeremonie?«
William Shakespeare,
König Heinrich V.

Strahlend scheint die Sonne vom Himmel, allerdings ohne die Luft
wirklich zu erwärmen. Die Menschen stehen dichtgedrängt auf beiden Seiten der Mall und rund um das große Denkmal der Königin
Victoria, allerdings ohne wirkliche Lebendigkeit zu vermitteln. Am
Tor von Buckingham Palace ist die königliche Familie erschienen:
eine kleine Schar von Männern und Frauen in schwarzer Trauerklei-
dung, die Gesichter verschlossen, die Blicke auf den Boden gerichtet. Von einem Kran am St. James Park aus schaut die Welt der Trau-
ergemeinde zu. Die Kamera zoomt langsam auf die kleine, ältere
Dame in der Mitte der Gruppe, die, in der wohlbekannten Artigkeit,
ihre Hände auf der Handtasche ruhen läßt: Elisabeth II.

Die Königin hat den Palast verlassen und ist auf die Straße gekommen. Als sich vom Hyde Park her über den Constitution Hill
die Lafette mit dem Sarg der toten Prinzessin nähert, begleitet vom
rhythmischen Schritt der Ehrengarde und dem Klappern der Hufe
auf dem Straßenpflaster, hebt sich für alle Welt sichtbar kurz ihr
Blick. Und dann, als der Zug am Toreingang von Buckingham Palace

vorbeizieht – viel zu schnell, wie man das Gefühl hat –, dann passiert es. Endlich. Ihre Majestät Königin Elisabeth II., Oberhaupt des Vereinigten Königreiches von Großbritannien und Nordirland, Führerin des Commonwealth, Verteidigerin des Glaubens, kurz: »The Queen« senkt die Stirn. Sie neigt ihren Kopf, bloß eine Handbreit tief, vor dem vorbeiziehenden Sarg.

Oben im Hyde Park, auf der anderen Seite von Buckingham Palace und unsichtbar für die hunderttausend Menschen auf der Mall, sitzt ein anderes Hunderttausend. Vor zwei riesigen Leinwänden kauern sie hier im Gras, schweigend und versonnen. Und in dem Augenblick, als ihnen das Bild der sich dezent verneigenden Königin gezeigt wird, ist in der Masse so etwas wie Erleichterung zu spüren, ist ein schwer zu beschreibender Ton von kollektivem Luftholen-Anhalten-Ausatmen zu hören. Auf den Leinwänden taucht der alleinstehende Fahnenmast über der Fassade des Palastes auf. Die Königliche Standarte mit dem englischen Löwen senkt sich in dem Moment, in dem die Königin das Tor des Vorhofes passiert hat. Daraufhin wird der *Union Jack* aufgezogen, die blau-rot-weiße Fahne der Nation, und sie wird auf halbmast festgemacht. Im Hyde Park bricht das trauernde Volk in Beifall aus.

Niemand hat je so ganz verstanden, was da genau passiert ist, am 6. September 1997, an jenem Morgen, als die Welt Diana, Prinzessin von Wales, zu Grabe trug. Und am frühen Morgen wußte wahrscheinlich auch niemand so recht, was eigentlich zu erwarten war. Das offizielle Programm war natürlich vorher bekannt und wurde in Sonderbeilagen der Tageszeitungen veröffentlicht: die Strecke, die der Kanonenwagen nehmen würde, die Zahl der Pferde und geschmückten Kavalleristen, die Vorfahrtsordnung vor Westminster Abbey der zum Trauergottesdienst Geladenen. Aber wie würde die individuelle Dramaturgie des Trauerns aussehen? Wer wußte schon, ob und wie die reinigende und auffrischende Kraft des rituellen Abschiednehmens auf die Millionen wirken würde, die sich in Westminster und im Hyde Park, im ganzen Vereinigten Königreich und überall sonst in der Welt auf das Geschehen einlassen wollten?

Die Zeitungen und Zeitschriften, die in jenen Tagen mit armdicken *Specials*, mit Erinnerungsmagazinen und Wehmutsausgaben der nationalen und internationalen Trauer Herr zu werden suchten (und sie dadurch mutmaßlich verstärkten), schienen zum Ende der ersten Trauerwoche ihren Halt gefunden zu haben: in eben jener Dame, die ganz in schwarz vor Buckingham Palace geradezu herbeigesehnt wurde. Sie hatten sich eingeschossen auf die Königin, auf die garstige, gefühlskalte Schwiegermutter, die sich in ihrem schottischen Schloß ein- und von der emotionalen Aufruhr ihres Volkes ausgesperrt hatte. Wie, so fragten die Kolumnisten, Klatsch-Reporter und Hof-Astrologen vorweg, würde die Königin dieser Toten die Ehre erweisen, die doch zu Lebzeiten »irgendwie« gegen sie stand, gegen »The Queen« und ihre Familie. Würde sich also Elisabeth, so die brennende Frage, vor dem Sarg und damit vor Diana verneigen? Würde sie die ehernen Traditionen des Königshauses überwinden und die Fahne über Buckingham Palace auf halbmast senken lassen – und Diana, der vom Volk geliebten und am Hof mißbilligten Prinzessin von Wales, eine Reverenz erweisen?

Es wäre nicht unbedingt anzunehmen gewesen: Die Regeln der Monarchie sind nicht in Blei gegossen, sondern eher in Granit geschlagen. Und, davon wird noch die Rede sein, es ist nicht zuletzt das Beständige und Geregelte, das die Monarchie am Leben erhält. Eine Königin neigt ihr Haupt nur vor Ebenbürtigen und stellvertretend für das Königreich, aber nicht vor einer einzelnen. Über Buckingham Palace weht nur und allein die königliche Standarte, wenn der Souverän selbst am Hofe anwesend ist, und nur dann auf halbmast, wenn er gestorben ist und zur Staatstrauer aufgebahrt liegt. Genau deshalb gierten die Medien nach einer Verbeugung, gar einem Einknicken vor Diana, die schon kein Staatsbegräbnis bekommen konnte, weil sie nicht mehr Mitglied der königlichen Familie war – also »Königliche Hoheit«?

Daß die Dankbarkeit gegenüber der verstoßenen Schwiegertochter im Hause Windsor eher gering einzuschätzen war, dürfte milde untertrieben sein. Diana hatte Unruhe in die Monarchie gebracht, einen endlosen Strom unwillkommener Publizität und den Skandal der Scheidung in der Thronfolgerehe dazu. Und schlimmer noch: Die Prinzessin von Wales, die nach ihren eigenen Worten »nie Königin werden« wollte, war ihren Anhängern die gelungene Personifizierung des Gegenentwurfs zur bestehenden Monarchie. Sie war gefährlich geworden für die Königin, sogar noch – oder erst recht, wie der britische Verfassungshistoriker David Starkey seinerzeit behauptete – im Tod.

Und dann passierte es doch. Die Königin verbeugte sich. Die Monarchin machte eine kleine Kopfbewegung, die Monarchie einen Ruck, und die Hunderttausenden von Untertanen, Royalisten wie Republikaner, machten mit. Das Klatschen, zweifellos unpassend für einen Trauerzug, erschien in jenem Augenblick als die einzige zur Verfügung stehende kollektive Antwort auf die Erfüllung einer angestauten Erwartung. Und es bewies, wie ernst es die bislang unzufrieden gehaltenen Untertanen mit ihrer Untertänigkeit meinten: Denn das Zeichen, das ihnen ihre Königin in der Verneigung gab, konnte ja nur deshalb Bedeutung annehmen, weil die Untertanen ihre Königin grundsätzlich anerkannten.

Vielleicht ist es aber auch anders gewesen. Vielleicht hat sich Elisabeth nur deshalb vor dem Sarg verneigt, weil sie gute Manieren besitzt. Oder weil ihr tatsächlich in diesem einen kurzen Moment die Idee gekommen ist, daß es passend wäre, eine klitzekleine Verbeugung zu versuchen. Allein, es gehört zu den immer wieder überraschenden Charakteristika des Königtums, daß solche spekulativen Argumentationen belanglos bleiben: Jeder öffentliche Akt der Königin, jede Geste und jeder Satz haben immer sogleich majestätische Bedeutung. Jedes Kopfnicken, jede Beugung der Halswirbelsäule ist legitimerweise der Deutung der Zeitgenossen ausgesetzt. Die Königin und ihre Familie sind Stellvertreter der Staatsfamilie – Aushängeschild und Verkörperungen der Nation. Wenn eine Königin sich verneigt, verneigen sich ganze Völker mit ihr. Wenn sie niest, niest ein ganzes Königreich. Kein Wink, der privat bliebe angesichts der zuschauenden Massen. Das ist der Preis, oder: einer der Preise dafür, Monarchin zu sein.

Der »Moment« vor Buckingham Palace und das Aufatmen im Hyde Park besitzen eine eigenartige historische Dimension. Am Ende bildet nämlich das Verneigen der Königin den dramatischen Höhepunkt einer ebenso dramatischen Beziehung. Zum letzten Mal begegnen sich in aller Öffentlichkeit (und in einer Intensität, die zu Lebzeiten Dianas wahrscheinlich nie möglich gewesen wäre) die Schicksalsfäden zweier Gegenspielerinnen, die jede für sich zu den bekanntesten Persönlichkeiten des 20. Jahrhunderts gehören. Diana und Elisabeth sind beide Teil des kleinen gemeinsamen Erbes der großen Menschheitsfamilie. Dabei sind sie zwar Mitglieder derselben königlichen Familie, derselben Dynastie – aber von vollkommen unterschiedlicher Ausstrahlung auf jene Menschen, die sich mit ihnen beschäftigt haben und ihnen begegnet sind. Übermenschliche Fähigkeiten braucht man weder der einen noch der anderen nachzusagen, und ernstzunehmende intellektuelle Reichweite schon gar nicht. Und doch ist jede für sich eine ebenso absolute wie endgültige Verkörperung gesellschaftlicher Paradigmen und Phantasien – Fixpunkte im Koordinatensystem kollektiver Welterfahrungen.

Elisabeth II. *ist* die Monarchie im 20. Jahrhundert – und das schlechthin. Es gibt ein buchstäblich günstiges Beispiel dafür: Auf britischen Briefmarken ist gemeinhin kein Text gedruckt, zumindest nie ein Hinweis auf das Herkunftsland. Dies verrät sich nur durch eine kleine Silhouette in der Ecke, einen Scherenschnitt des königlichen Kopfes mit Krone. Das reicht, das kennt ein jeder: Königin Elisabeth II. ist schließlich nicht das Oberhaupt irgendeines fernen Landes, sie ist auch immer ein wenig die Queen aller Erdenbewohner.

Das hat etwas mit Ausstrahlung zu tun. Kein anderer Königshof der westlichen Hemisphäre hat sich seine Wirkung so grundsätzlich erhalten wie der britische. In seinem nahezu mittelalterlichen Glanz und seiner traditionsschweren Entrücktheit von jeder modernen Normalität gibt sich dieser Hof so, wie ein Königshof in der kindlichen Phantasie sein sollte, wie aus dem Märchen. Und das Haus Windsor erfährt überdies eine doppelte Unterstützung: Daheim zumindest ist es umgeben von einer lebendigen Aristokratie und einer gesellschaftlich gelebten (wenn auch heutzutage immer spöttischer selbstbetrachteten) Vergangenheitsverehrung. Höchstens die Monarchien des Orients oder des Fernen Ostens können im eigenen Reich größeren Respekt für sich beanspruchen. Ihnen aber fehlt der globale Anspruch.

Die Verehrung für das britische Königshaus ist ein weltweites Phänomen. Zum einen ist das den postkolonialen Nostalgien des Jahrhunderts zu schulden: Die Queen ist die letzte imperiale Herrscherin auf Erden. Sie regiert nicht nur das Vereinigte Königreich von Großbritannien und Nordirland (also unfreundlich gesagt: das kleinenglische Kolonialgebiet), sondern auch das verblichene, in der kollektiven Sehnsucht dafür um so kräftiger weiterlebende britische *Empire*. Als Oberhaupt der Staatenfamilie des Commonwealth und Staatschefin sechs ehemaliger Kolonien kann sich Elisabeth Windsor in einer internationalen Rolle sonnen, die sie nur mit dem Papst, vielleicht mit dem Dalai Lama und allerhöchstens mit einem UN-Generalsekretär teilen muß. Elisabeth II. ist eine machtlose konstitutionelle Monarchin, sicher, aber an Einflußmöglichkeiten mangelt es ihr nicht. Und daß sie sich als unbestrittene »Bewahrerin« der britischen Monarchie hat stilisieren lassen, zementiert ihren Platz in der Geschichte. Daß die gestrenge (Groß-)Mutter ihrer Nationen sich mit einer Aura von Disziplin, Respektabilität und Beherrschtheit umgibt, eröffnet ihr auf ganz selbstverständliche Weise das Ohr der Mächtigen des Commonwealth und vieler Länder mehr. Elisabeth II. ist nicht nur eine Briefmarkenikone: Nach über 45 Jahren auf dem Thron ist sie für Menschen weltweit zu einem Bestandteil des alltäglichen Lebens geworden. Auch in Deutschland kennt man sie nicht als die »Britische Königin«. Elisabeth II. ist nur »die Queen«. Keine andere, die damit gemeint sein könnte.

Auch Diana ist ein absolutes Symbol. Und sie ist, so zitieren Statistiker gerne, die meistfotografierte Frau des 20. Jahrhunderts gewesen – und damit, vorerst jedenfalls, aller Zeiten. Nicht nur das hat Diana zur Ikone der Mediengesellschaft gemacht, zur Heldin der Pop-Kultur und dessen, was der amerikanische Gesellschaftskritiker Daniel Bell den »Kult der Schönheit und der Prominenz« genannt hat.

Nur 17 Jahre lang hat die Welt Diana gekannt. Aber in diesen Jahren haben ihr die nimmermüden Medienkonsumenten jede Bewegung abgeguckt, jede Geste, jedes Kleidungsstück und jedes Wort. Diana war Prinzessin, also Märchenstoff. Diana war (oder wurde) ein Model, eine Mode-Erscheinung, ein heimliches Sexual-Objekt. Diana ist eine *celebrity* gewesen, ein glamouröser Star wie die Show-Gestalten aus Hollywood. Und mehr. Diana hat gelitten und dies öffentlich gemacht: eine Figur aus dem Groschenroman mit dem gutverkäuflichen Titel »Realität«. Sie hat Leidenschaft gezeigt und Mitleid, und sie hat stellvertretend für alle mitgefühlt. In Diana sind Träume wahr geworden, haben sich Schicksale gespiegelt, hat sich Hoffnung verdichtet. Bei alledem ist sie ephemer geblieben – eine flüchtige Erscheinung, nicht festzumachen, wie ein Gedanke.

In Diana haben sich deshalb für die Welt der Informationsgesell-
schaft Fiktion, Phantasie und Realität auf unübertroffene Weise vermischen können. Und ihr Tod in Paris hat das Bild der »Prinzessin
der Herzen« dann vollends entrückt. Diana ist zum quasireligiösen
Kristallisationspunkt für die Sehnsüchte, Ängste und Erfahrungen
ihrer Zeitgenossen geworden. Und das, wie die Queen, weltweit.

Angesichts all dessen stößt man auf eine krasse Erkenntnis, wenn
man sich mit Elisabeth Alexandra Mary Windsor oder mit Diana
Spencer beschäftigt: Niemand kennt sie. Die beiden Frauen sind und
bleiben letztlich unbekannt. Was die Welt über Ihre Majestät hier
und die Prinzessin dort weiß, stammt mindestens aus zweiter Hand
– oft genug aus der medialen Dauerproduktion heißer Luft. Es gibt
tatsächlich nur einige wenige und winzige Sehschlitze, durch die
sich ein kurzer und ungetrübter Blick in das Leben dieser Hoheiten
werfen ließ(e). Die Königin hat sich ein- bis zweimal belanglosen
Fragen gestellt. Diana hingegen hat in dem wohl berühmtesten Interview der britischen Fernsehgeschichte (und zugleich eines der am
schlechtesten geführten) ihre Lebensgeschichte ausgepackt. In beiden Fällen hat das aber nichts mit der ungeschminkten Wirklichkeit
zu tun gehabt. Elisabeth hat heile Welt gespielt, Diana ihre Version
einer zerrütteten gezeichnet. Die eine wie die andere hat das Einstel-
len der Objektive, das Manipulieren der Medien bis zur Meister-
schaft geübt.

Und die berühmten Zeitzeugen? Diejenigen, die den Menschen
Elisabeth und Diana nahestehen oder nahegestanden haben, reden
nicht. Oder sie reden hingegen viel – und haben mehr mitzuteilen,
als dies der Wahrheitsfindung dienlich sein kann. Allenfalls sind es
die Abrisse einiger Historiker vom Range Ben Pimlotts oder Sarah
Bradfords, die sich um Objektivität bemühen. Der Streit zwischen
Diana und ihrer Königin kommt darin freilich kaum vor: Er hat sich
ja auch nicht in nachprüfbaren Quellen niedergeschlagen, er war
vielmehr ein atmosphärisches Phänomen, später ein publizistisches.
Andere haben es folgerichtig journalistisch versucht und eine jeweils eigene Version der Geschichte beschrieben. Aber hat je jemand
wirklich etwas gewußt?

Andrew Morton ist womöglich der einzige, der Ansprüche stellen kann – und er stellt sie. Nach dem Tod der Prinzessin hat er sein
altes Buch über Dianas »wahres Leben« mit einem neuen Epilog ver-

sehen: den Abschriften einer Reihe von Tonbändern, die die Prinzessin ihm als Quelle für ein Buch aus ihrer Perspektive im Winter 1991/92 zuspielte. Aber wie kritisch ist er damit umgegangen? Kaum. Auch Morton ist nur ein Stellvertreter in einem Familienzwist gewesen. Und er hat auf seiten der Prinzessin gegen die herrschende Familie gekämpft. Die Wahrheit bleibt irgendwo im Ungefähren.

Aber gibt es diese eine Wahrheit überhaupt? Oder, ganz anders gefragt: Ist es überhaupt wichtig, ob es diese eine Wahrheit gibt? Wer Diana als Privatperson wirklich war, hat sie womöglich selbst nicht so genau gewußt; und was ihre Freunde und Vertrauten der Öffentlichkeit gesteckt haben, ist folglich immer nur *ein* Bild. Und was in Elisabeth vorgegangen ist, ob am berüchtigten Sonntagmorgen nach dem Unfall von Paris oder an irgendeinem anderen, könnte sehr wahrscheinlich selbst ihr Mann, der Herzog von Edinburgh, nicht genau sagen. Was es gibt, ist ein vages öffentliches Verständnis der einen wie der anderen. Und das gegenseitige Verständnis voneinander, das erhaschte wie das inszenierte, spricht Bände. Die Welt, die da glotzt und staunt, hat sich jedenfalls Bilder zurechtgelegt, denen sie Glauben schenkt. Elisabeth und Diana sind dadurch schon zu Lebzeiten literarische Figuren geworden: Fiktion. Weil sie als private Personen entrückt gewesen sind und bleiben, haben die fiktiven Figuren ein eigenes Leben angenommen. Die eigentlichen Personen sind dabei gesellschaftlich so gut wie unbedeutend, weil unergründet geblieben. Was stets zählte und zählt für die Welt, ist die Interpretation dieser Existenzen, ihre quasiliterarische Verarbeitung.

Das ist es, was die Betrachtung dieser großen Gegenspielerinnen auf dem wunderlichen Kampfplatz der modernen Monarchie so interessant macht. Denn das Aufeinanderprallen von Elisabeth und Diana ist mehr als der Konflikt zwischen den Generationen, mehr als der Streit zwischen Schwiegermutter und Schwiegertochter. Es ist ein *öffentlicher* Konflikt, nicht nur weil die beiden auf der Weltbühne miteinander gestritten haben, sondern weil sie auch jeweils für unterschiedliche Strömungen der öffentlichen Meinung, für gegensätzliche gesellschaftliche Idealbilder in Stellung gebracht wurden. Wenn es in ihrer Rivalität zunächst um das Verhalten am Hofe ging, damit also um die Frage, wie sich die Monarchie am Ende des Jahrtausends zu präsentieren hätte, so taucht dahinter einer der

Kernkonflikte dieses Jahrhunderts auf: jener zwischen Moderne und Tradition. Damit ist die heutige Beschäftigung mit Elisabeth und Diana nicht mehr die einfache Verlängerung der ohnehin ungebrochenen Hofberichterstattung. Elisabeth und Diana sind Produkte der Sehnsüchte und Bedürfnisse dieser Zeit. Und damit verrät dieses Doppelschicksal, so peinlich es auch erscheinen mag, etwas über uns selbst.

1. Die arrangierte Leichtigkeit des Seins – Kindheiten

»I loved watching the people. I used to wonder what they were doing and where they were all going, and what they thought about outside the Palace.«

»Ich liebte es, den Menschen zuzuschauen. Ich fragte mich immer, was sie taten, wohin sie gingen und worüber sie nachdachten außerhalb des Palastes.«

Elisabeth, zu ihrem Porträtisten Pietro Annigoni, über den Blick aus ihrem Fenster

»I was always different. I always had this thing inside me that I was different.«

»Ich war immer anders. Ich hatte immer dieses Gefühl in mir drin, daß ich anders bin.«

Diana, auf den Tonbändern für Andrew Morton, über ihre Kindheit

Womit verbringt ein kleines Mädchen seine Zeit? Elisabeth, so verrät später ihre Gouvernante Crawfie der Welt, hat zum Beispiel allabendlich und mit Sorgfalt ihre 30 hölzernen Spielzeugpferde »abgesattelt« und gestriegelt – auf dem Treppenabsatz vor ihrem Kinderzimmer. Die kleine Diana sortierte ihre Stofftiere – »meine Familie«, wie sie später sagen wird – stets aufs neue rund um ihr Bett, in wahrscheinlich wechselnder Hackordnung. Zwei kleine brave Mädchen also, zwei artige Puppen-, Holzpferd-, Plüschtiermütter. Beide in ihren ersten Lebensjahren noch ganz unbeschadet von dem, was das Leben ihnen bescheren würde. Und beide vom Schicksal vorerst an den Rand der Geschichte gestellt. Es waren eben »nur« Mädchen. Und mit diesen geht die alte, traditionsverklärte Welt des englischen Adels auch im 20. Jahrhundert noch weitgehend unkorrekt um.

Die »Ehrenwerte Diana Spencer« wird von ihrem 37jährigen Vater Johnnie, dem Viscount von Althorp, bei ihrer Geburt am 1. Juli des Jahres 1961 ein bißchen für ein Ärgernis gehalten: Schließlich ist sie schon die dritte Tochter des zukünftigen Earls von Althorp, der doch ungeduldig auf einen Stammhalter wartet. Frances, Dianas erst 25jährige Mutter, hat sich sogar schon – vor Dianas Geburt – einer hochnotpeinlichen Untersuchung unterziehen müssen, weil ihr Gatte daran zweifelte, ob sie zur Geburt eines Sohnes überhaupt fähig sei. Im Vorjahr war sie mit einer Fehlgeburt niedergekommen: Baby John hatte nur ein paar Stunden überlebt. Noch Dianas Geburt scheint von diesem Ereignis überschattet zu sein, wenn eine ausgesprochen taktvolle Bemerkung des Viscounts entsprechend interpretiert werden darf: Das Baby sei »ein vom Körperlichen her perfektes Exemplar«, soll er nach einem Blick in die Wiege gesagt haben. Sie selbst wird sich später als »das Mädchen, das ein Junge sein sollte« bezeichnen: als in gewisser Hinsicht überflüssig; und als eine Verzögerung des eigentlichen Ereignisses 1964, der Geburt des kleinen »Ehrenwerten Charles Spencer«, des heutigen Earl von Althorp. Der ist in Westminster Abbey getauft worden, mit der Königin als erster Patin und reichlichem Aufriß. Für Diana hat die Kirche in Sandringham gereicht und ein paar nette, aber bürgerliche Freunde.

Die Ankunft der kleinen Prinzessin Elisabeth Alexandra Mary von York gut 35 Jahre zuvor hatte da schon für größere Aufregung gesorgt. Selbst der Innenminister, ein Konservativer mit dem schönen Namen Sir William Joynson-Hicks, hatte sich, obwohl mit einem Bergarbeiterstreik höchst beschäftigt, in den frühen Stunden des 26. Aprils 1926 ans Wochenbett der Herzogin Elisabeth von York begeben (oder zumindest respektvoll vor die Tür des Schlafzimmers der hochwohlgeborenen Dame). Damit genügte die Regierung einer alten ungeschriebenen und mittlerweile wohl überflüssigen Tradition, die der Verhinderung folgenreicher Tricks dienen sollte (und seitdem abgeschafft ist): Der Minister habe zur Geburt in der königlichen Familie anwesend zu sein, um das Vertauschen von Säuglingen auszuschließen. Die genaueren Umstände der Niederkunft im Londoner Wohnsitz der Großeltern mütterlicherseits werden dennoch höflich verschleiert. Ein Kaiserschnitt ist es wohl gewesen und insgesamt eine unangenehme Angelegenheit. Aber am Ende der Nacht ist alles gut, Joynson-Hicks kann sich wieder den Amtsgeschäften zuwenden, und die Aufregung über den Säugling Elisabeth darf sich – nach gebührender erster Kommotion im Königshaus – wieder legen.

Niemand macht sich schließlich ernsthaft Gedanken darüber, daß der jüngste Sprößling des Hauses Windsor auf eine andere Weise in die Geschichte eingehen könnte denn als Fußnote. Der Wert der Neugeborenen ist per Arithmetik zu ermessen – und die Formel lautet »Erbfolge«. Die unter William III. von Oranien 1701 zum Gesetz gegossene Regelung über die Thronfolge billigt der kleinen Elisabeth zum Zeitpunkt ihrer Geburt zwar den dritten Platz auf der

Skala zu, doch eigentlich spielt sie nur eine Platzhalterrolle. Ihr Vater Prinz Albert (»Bertie«), Herzog von York, steht als der jüngere Bruder des Prinzen von Wales, Prinz David, nur so lange an zweiter Stelle in der Thronfolge, bis sich der muntere Schürzenjäger David selbst um die Zeugung eines Stammhalters kümmert. Und auch ein zweites, diesmal männliches Kind im Hause der Yorks würde Elisabeth überholen. Die kleine Prinzessin – das erste Enkelkind für König Georg V. und Königin Mary – wird deshalb am Londoner Hof (wie Diana eine Ära später in Althorp) in erster Linie als »ästhetisches Ereignis« betrachtet. Wie gut, daß der alternde, strenge, wortkarge und brüske König offenbar genau solch einen »kleinen Sonnenschein« in seinem Leben gebrauchen kann. Elisabeth wird ihm einen Charme und eine Wärme entlocken, die er seinen eigenen Kindern nie entgegengebracht hat.

Die beiden Familien, die da zu unterschiedlichen Zeiten sosehr auf das Geschlecht der Neugeborenen geachtet haben, sind von recht unterschiedlichem Kaliber. Und die Windsors sind die eindeutig hochwohlgeboreneren. Ohne größere Mühe können sie ihren Stammbaum bis zurück auf Egbert verfolgen, den sächsischen König von Wessex, der im 9. Jahrhundert die Ländereien um die Themse regierte und das Königreich England begründete. Die Linie ist freilich genauso ein Trick wie der Name Windsor. Die Vorfahren Elisabeths gehören nämlich in erster Linie zu einem deutschen Adelsgeschlecht, dem Haus Hannover. Als Georg I. 1714 den Thron von der letzten Stuart-Königin Anne übernimmt, spricht er kaum ein Wort Englisch. Gut zweihundert Jahre später, inmitten des Ersten Weltkriegs 1917, ist Elisabeths Großvater Georg V. die enge Verwandtschaftsbeziehung zum Kontinent (Kaiser Wilhelm ist ein Vetter) so sehr zur Peinlichkeit geworden, daß er das Könighaus auf gewandte Weise neu und englisch erfindet. Nach längerem Suchen entscheidet er sich, den Familiennamen »Hannover Sachsen-Coburg-Gotha« gegen den jener wunderschönen alten Burg auszutauschen, die wie vielleicht kein zweiter Ort mit der britischen Monarchie emotional verbunden wird: Windsor Castle, im Westen, vor den Toren Londons hoch über der Themse gelegen.

Die Earls von Althorp kennen solche Identitätsprobleme nicht; man ist schlicht stolz auf seine Herkunft. Die Spencers haben es im

15. Jahrhundert als überregionale Schafshändler zu einigem Reichtum gebracht, sich unter Charles I. (bevor der seinen Kopf verlor) ihren Adelstitel »erworben« und seitdem ihr Gut Althorp House in Northamptonshire mit Sammlungen aller Art gefüllt – unter anderem mit einer Bibliothek, die am Ende des 18. Jahrhunderts als die größte private Büchersammlung der Welt gelten durfte. Wie es sich gehört, hat man immer gut geheiratet und den Familiennamen fest im Netz der britischen Aristokratie verankert. Wie es sich geziemt, gibt es entfernte verwandtschaftliche Beziehungen zum Königshaus sowie zu allerhand anderem historischem Führungspersonal des *Empire* (auch Winston Churchill ist als Winston Spencer-Churchill geboren) – zudem, vielleicht eher ein Treppenwitz der Geschichte, zu acht US-Präsidenten, Humphrey Bogart und (angeblich) zu Al Capone. Dazu weitere Prominenz: George Sand ist blutsverwandt, ebenso Harriet Beecher Stowe, Graham Greene, Rudolf Valentino, Orson Welles und Bismarck. Spencer ist eine global verbreitete Marke.

Nach einer Phase jungreichen Trotzes, in der sich die Althorps in den ersten Jahrhunderten etwas hof-fern gehalten haben, hat man, *noblesse oblige*, dem Souverän gedient. Countess Spencer, Dianas Großmutter, hat für die heutige Königinmutter als Hofdame gewirkt, Viscount Johnnie als »Equerry« (Rittmeister) für König Georg VI. ebenso wie für Elisabeth II.; ein Umstand, der hilfreich ist bei der Bittstellung an die Königin, die Patenschaft für den Althorp-Erben Charles zu übernehmen.

So entfernt die beiden Familien sind, die einen verwurzelt im europäischen Hochadel, die anderen in der mittleren Etage der englischen Aristokratie, so unübersehbar sind die Parallelen in der gelebten Alltäglichkeit: Beide, Elisabeth wie Diana, werden in einen aristokratischen Alltag hineingeboren, der von patriarchischen Strukturen geprägt ist, von steinharten Traditionen, von einer gemeinsamen Kultur des Nicht-Bürgerlichen. Das Leben dieser Aristokraten mag unterschiedliche Dimensionen kennen, auch Nuancen in der Strenge der Ausbildung, aber am Ende bleibt es sich doch ähnlich – das eitle, adlige, in materiellen Fragen sorgenlose Leben. Und es ist, abgesehen von den naheliegenden technischen Neuerungen, auch recht unverändert geblieben, von den Zwanzigern bis in die Sechziger hinein.

Elisabeths Kinderzimmer findet sich im Londoner Haus der Yorks, 145 Piccadilly, einem imposanten Gebäude unweit von Buckingham Palace, das den Krieg nicht überleben sollte. Die Villa – durchaus der übliche Sitz einer aristokratischen oder sehr reichen Familie jener Zeit – verfügt über 25 Schlafzimmer; gerade genug also, um auch die 16 Hausangestellten irgendwo unterzubringen, von den Jagdtrophäen (darunter ein Elefantenkopf), Pferdebildern und der lebensgroßen Statue eines afrikanischen Jungen ganz abgesehen. Der Ort um Dianas in lichten Farben gestrichene »Nursery« ist zwar um einiges kleiner, hält sich aber im gleichen Verhältnis: zehn Schlafzimmer hat Park House, eine Villa nahe des königlichen Sandringham, die der Großvater Dianas, Maurice Baron Fermoy, von Georg V. zur Miete hat überlassen bekommen, in dankbarer Anerkennung für freundschaftliche Dienste. Sechs Angestellte gehören zur Grundausstattung der landadligen Normalität, zuzüglich beheiztem Swimming Pool, Tennisplatz, Cricket-Wiese. Die junge Prinzessin wird in frühester Kindheit urlaubshalber auf die schottischen Schlösser ihrer Großeltern geschickt – zu König Georg und Königin Mary nach Balmoral Castle in Aberdeenshire oder zu Claude und Cecilia Bowes-Lyon, dem Earl von Strathmore und seiner Frau, ins beeindruckende, für kleinere Menschen gegebenenfalls bedrückende Glamis Castle (in das Shakespeare, aus naheliegenden Gründen, die Ermordung Duncans in *Macbeth* verlegt). Die junge Lady stattet dem großväterlichen Gut Althorp House nur Wochenendvisiten ab, da Vater Johnnie mit Großvater Jack heftig im Streit liegt. Glücklicherweise, darf hinzugefügt werden: Das düstere Haus jagt dem kleinen Mädchen nämlich Angst ein. Gegen die monströsen Merkwürdigkeiten von Althorp strahlt sogar das langweilige Park House architektonische Wärme aus.

Es gibt Zufälle. Elisabeths erstes Kindermädchen heißt Clara Knight und wird »Alla« genannt, über Dianas Kinderjahre wacht Fräulein Gertrude Allen, Rufname: »Ally«. Weniger zufällig freilich ist das Auftauchen der Gouvernanten überhaupt. Für adlige Eltern, ob in den Zwanzigern oder den Sechzigern, ist das möglichst frühzeitige Abschieben des quäkenden Kleinkinds in professionelle Hände ein Akt der Normalität. Es gibt schließlich andere Dinge zu erledigen.

Prinzessin Elisabeth erlebt die Trennung von ihren Eltern früher und deutlicher als Diana. Keine acht Monate ist sie alt, als ihre Eltern sie im Januar 1927 nach St. Paul Walden Bury bringen, den südenglischen Landsitz der Großeltern Strathmore. Auf Prinz Albert Frederick Arthur George und seine Frau, die Herzogin Elisabeth, kommen Pflichten zu, die ihrer Position im Königshaus entsprechen. Als Vertreter Georgs V. soll Bertie in Australiens neuer Hauptstadt Canberra das Parlament eröffnen. Ein solcher Auftrag ist keine Kleinigkeit in jener Zeit; sechs Monate werden angesetzt für die Schiffsreise über Panama, die Fidji-Inseln, Neuseeland, Australien und zurück. Diskussionen darüber, ob der Säugling mit an Bord des Schlachtschiffs »Renown« genommen werden könne, sind nicht überliefert – und unwahrscheinlich. Die Herzogin schreibt ihrer Schwiegermutter Königin Mary zwar in einem Brief von der Reise, sie habe »am Donnerstag sehr das Abreisen gefühlt. Und das Baby hat so süß mit den Knöpfen an Berties Uniform gespielt, daß es mich fast zerrissen hat«. Aber an eine Mitnahme des Kindes hat auch sie wahrscheinlich nie ernsthaft gedacht.

Als Elisabeth ihre Eltern nach sechs Monaten wiedersieht, stehen Fremde vor dem kleinen Mädchen. Alla hat ihr im Hause der Strathmores ihr erstes Wort beigebracht: »Mummy«. Mangels Mutter, so ist der Nachwelt überliefert, spricht die inzwischen Einjährige einfach jedermann als Mama an, einschließlich der Familienporträts an den Wänden. Die echte Mutter gibt sich bei der offiziellen Wiederbegegnungszeremonie in der Großen Halle von Buckingham Palace trotzdem hocherfreut. Und es gibt gleich mehrere Gründe. Der Besuch am anderen Ende der Welt ist für den unsicheren, weil zum Stottern neigenden Bertie ein persönlicher Erfolg gewesen. Das Interesse an dem unscheinbaren Paar ist überwältigend gewesen; und besonders hat sich die Öffentlichkeit für den fernen Nachwuchs begeistert. Überall haben die Yorks für die kleine »Betty«, wie sie allenthalben genannt wird, von den Untertanen Geschenke eingesammelt. Über drei Tonnen Devotionalien, vom Stofftier bis zur Gesamteinrichtung der Puppenstube, sollen an Bord der »Renown« zwischengelagert worden sein. Das Mädchen, für das die Fracht bestimmt ist, wird sie (zum Glück) nicht einmal zu sehen bekommen. Alla führt ein strenges Regiment in der Kinderstube. Elisabeth darf zu jeder Zeit immer nur ein Spielzeug benutzen. Es herrscht wahrlich keine Not im Hause der Yorks, aber demonstrativen Überfluß soll es denn doch nicht geben.

Über die Reisegewohnheiten der Eltern Spencer ist weit weniger bekannt: Die Tätigkeiten eines »normalen« Viscounts stehen nicht so im Mittelpunkt des Medieninteresses wie die eines möglichen Thronfolgers. Auch in Park House wird aber die frühkindliche Erziehung ganz in die Hände der Nannies gelegt. Die Mahlzeiten, eine in der Regel eher einfache Angelegenheit, nehmen die Kinder beispielsweise in der Küche mit dem Personal ein. Der Journalist und Diana-Biograph Andrew Morton weiß zu berichten, daß Dianas Bruder Charles zum ersten Mal mit sieben Jahren zu einem Essen in Anwesenheit des Vaters in den Speisesaal vorgelassen wurde. Schon in der steifen, förmlichen Atmosphäre von Park House blieben die Eltern den Kindern zwar liebevolle, aber flüchtige Begleiter der ersten Jahre. »Es war ein privilegiertes Aufwachsen wie in einem anderen Zeitalter, ein distanziertes Leben von den Eltern«, erzählt Charles Spencer Andrew Morton in einem seiner raren Interviews Anfang der Neunziger: »Ich kenne niemanden, der seine Kinder noch so aufzieht. Es gab sicherlich einen Mangel an Mutterfigur.«

Der Mangel an emotionaler Zuwendung seitens der Eltern wird bei Diana wie bei Elisabeth durch ein Mehr an materieller Zuneigung aufgefüllt. Park House, zum Beispiel, ist ein Kindertraum mit Teich, auch wenn das Haus selbst eher langweilig ist. Diana hat einen Cokkerspaniel und eine Katze als Spielgefährten, eine Strandhütte an der nahen Küste als Ziel für sonnige Ausflüge, und in späteren Jahren wird es im Garten ein Baumhaus für die Kinder geben. Mit drei Jahren kann Diana reiten, und sie überwacht eine ansehnliche Sammlung von Haustieren: Meerschweinchen, Hamster, Kaninchen, »alles, was es in kleinen Käfigen gibt«, wie die Mutter Frances erinnert.

Auch Elisabeth ist ein Tiernarr. Mit fünf Jahren bekommt sie vom König ein Pony geschenkt, »Peggy« genannt. Das Geschenk begründet eine lebenslange Leidenschaft für die Reiterei. 1933 erwirbt der Herzog für die Familie einen Hund mit dem würdevollen Rufnamen »Rozavel Golden Eagle«, aus dem die erstgeborene Tochter bald »Dookie« macht. Damit das launische Tier nicht so alleine ist, kommt bald als Gefährtin »Jane« dazu. Die beiden kurzbeinigen Hunde ste-

Elisabeth (oben) lernt die Trennung von ihren Eltern früher und deutlicher kennen als Diana. Schon als Einjährige steht sie unter dem strengen Regiment der Nanny »Alla«.

hen am Anfang einer Dynastie, die aus dem Leben Elisabeths nicht mehr verschwinden wird. Es sind walisische Corgies.

Das Pastorale der aristokratischen Kindheit läßt sich in beiden Fällen verstärken: Es gibt Geschwister. Die Mutter der zukünftigen Königin, die Herzogin von York, kommt im August 1930 zur Freude der Nation mit Margaret Rose nieder, Lady Frances Spencer, zur Freude ihres Mannes, 1964 endlich mit dem bereits erwähnten Stammhalter Charles. Elisabeth bekommt so eine neue Rolle als ältere Schwester, Diana den ersehnten Spielgefährten und die nachträgliche »Ent-Schuldigung« für ihr Dasein.

Die Geburt Prinzessin Margarets verstärkt das öffentliche Interesse an den Yorks ebenso wie das an Elisabeth selbst. Zum einen hat das, wie üblich bei Königshäusern, wieder einmal etwas mit Sukzes-

Für beide jedoch galt: Materielle Zuneigung statt emotionaler Zuwendung – Diana (oben) in ihrem Kinderwagen, »Modell Rolls Royce«.

sion zu tun: Der König zeigt schließlich zunehmend gesundheitliche Schwierigkeiten, der Prinz von Wales dagegen keinerlei Eile, mittels einer adäquaten Heirat die Lösung der omnipräsenten Frage nach der Thronfolge anzugehen. Erstmals beschäftigen sich Verfassungsrechtler mit der Frage, ob die kleine Prinzessin Elisabeth eigentlich zu Recht auf der Thronfolgerliste steht, und – wie vertrackt – ob es irgendeinen Grund gäbe, sie vor der nachgeborenen Margaret zu plazieren. Es gibt ihn. Jedenfalls beginnt erstmals am Hofe die Idee einer »Königin Elisabeth II.« zu keimen. Für das mit glänzenden Augen zuschauende Volk sind solche Erwägungen aber eher abseitig. Man freut sich über die Idylle in 145 Piccadilly. Eine hübsche Familie, diese Yorks. So, wie man selbst gerne als Familie wäre.

Von familiärer Harmonie und Glückseligkeit ist bei der Geburt des ersten Spencer-Sohnes nicht mehr die Rede. Diana hat schon zwei ältere Schwestern, Sarah und Jane, die beide im Jahr von Charles' Geburt schon zur Schule gehen. In der Ehe zwischen Frances und Johnnie gibt es Spannungen. Die britische Feministin Beatrix Campbell wird später schreiben, daß Johnnie schon damals gewalttätig gegenüber seiner Frau war. In der Öffentlichkeit gibt sich der Viscount natürlich hocherfreut über die Geburt des Stammhalters. Diana wird später von »Erleichterung« sprechen: Es gibt einen männlichen Erben, der den substantiellen Reichtum derer von Althorp wird übernehmen können. Der unausgesprochene Vorwurf des Vaters gegen die Existenz seiner drei Töchter löst sich mit dem Brüderchen auf; Diana spricht gar davon, daß sie von nun an »Vaters Liebling gewesen (sei), ganz bestimmt«. Die Beziehung zwischen Johnnie und Frances Spencer kann Baby Charles hingegen nicht mehr retten. Vielleicht ist es sogar umgekehrt: Mit der Erben-Ankunft fällt die Notwendigkeit dieser Ehe weg. Sie beginnt zusehends zu bröckeln.

Die jüngeren Geschwister erzeugen in Diana wie in Elisabeth so etwas wie puppenmütterliche Gefühle. Diana hält sich für diejenige, die ihren Bruder vor den Unwägbarkeiten des Lebens zu schützen hat – einstweilen zumindest. Später wird sie ihn für seine »intellektuellen Fähigkeiten« bewundern, wie stark diese auch immer ausgeprägt sein mögen. Elisabeth zeigt sich gegenüber ihrer kleinen Schwester nachgerade »verantwortlich«. Ihre Ungeschicklichkeiten (und spätere Unarten) werden – zeitgenössischen Beschreibungen zufolge – gern mit einem strengen »Oh, Margaret!« kommentiert,

bevor sich die Prinzessin ihrer kleinen Schwester beruhigend annimmt. In der neuen, öffentlichkeitswirksamen Paarung kommt Elisabeth bald so etwas wie eine eigene, feste Rolle zu. Während Margaret in wachsendem Maße als das (im adligen Kontext wohlgemerkt) witzige, unartige, aufregende Mädchen dargestellt wird, wird Elisabeth zunehmend als brav, tiefsinnig, verantwortungsbewußt und liebevoll charakterisiert.

Inwieweit dies der Wirklichkeit entspricht, ist kaum nachzuvollziehen. Spätestens dort, wo die Kindheitporträts in Charakterisierungen übergehen, beginnen sich – bei Diana ebenso wie bei Elisabeth, allerdings aus unterschiedlichen Gründen – Legende und Überlieferung zu vermischen. Dianas Kindheit ist – von den heute in Althorp ausgestellten Fotos, Devotionalien, Amateurfilmen und Briefen abgesehen – undokumentiert. Man kennt ihr erstes Tret-Auto, mit dem sie in Park House über den Rasen rumpelte, kann alte Familiengeschichten wiederholen, Bilder beschreiben. Der Rückblick in die Psychologie der Familie Spencer Mitte der sechziger Jahre bleibt aber notwendigerweise versperrt. Diana hat verschiedentlich über ihre Kindheit gesprochen; aber wie offen sie dabei gewesen ist, vermag niemand zu sagen. Andrew Morton ist im Vorfeld seiner Biographie von Charles Spencer ein Interview gewährt worden; aber Charles Spencer ist nicht unbedingt als nüchtern reflektierender Mensch bekannt. Diana und Charles haben ihre Kindheitserinnerungen nicht nur willentlich gefärbt, weil sie Partei waren, sondern auch unwillentlich, weil man aus dem Nebel der Kindheit meist nur zu Bewußtsein bringen mag, was angenehm oder mitteilbar ist.

Was das Erinnern anbelangt, hat Königin Elisabeth weder Anlaß noch Notwendigkeit, dies öffentlich zu tun. Die Königin gibt kaum Interviews – über das Private oder Persönliche schon gar nicht. Als ausgleichende Gerechtigkeit sind die Quellen über ihr Leben schlicht unerschöpflich. In Zeitungen und Zeitschriften wurde jede Episode aufgeschrieben, ausgemalt, interpretiert. Keine Regung, keine Bewegung in der Öffentlichkeit, die nicht ihren Niederschlag in einem Dokument gefunden hätte; einer Notiz, einem Zeitungsartikel, einem Foto, einem Film. Ihre Kindheit aber wird nicht so sehr durchleuchtet wie vielmehr nachempfunden. Das herzogliche Elternpaar ist an einem Einblick der zeitgenössischen Medien in das familiäre Idyll zunächst gar nicht und später nur dann interessiert, wenn es die Umstände selbst bestimmen kann. Es gibt eine Reihe gestellter Fotos, es gibt eine größere Anzahl öffentlicher »Auftritte«, aber es gibt so gut wie gar keinen Zugang zur Alltäglichkeit. Das Bild, das von der Kindheit Elisabeths und Margarets entsteht, ist insofern immer von interessierter Seite eingefärbt. Das Königshaus kennt seine propagandistischen *musts*: Es hat Werbung zu machen für sich und das Vaterland, auch schon in der Zwischenkriegszeit.

Es gibt allerdings eine Ausnahme. Über die Aufzucht und Pflege der zukünftigen Königin existiert – ein Erstfall in der Geschichte des Königreiches – eine einzelne Erzählung, die nicht vom Königshof kontrolliert werden konnte. Um so größer ist der Skandal um das Stück gewesen – weniger des Inhalts denn der Umstände seiner Entstehung wegen.

Im Frühjahr 1932 tritt Marion Crawford in den Dienst der Yorks. Die 23jährige Schottin, die von den Kindern alsbald den Namen Crawfie verliehen bekommt, ist der Familie von einer Verwandten empfohlen worden: Sie hat in Edinburgh eine Nichte der Herzogin unterrichtet. Ihre Ausbildung hat sie mit benachteiligten Kindern zusammengeführt, sie interessiert sich für Kinderpsychologie. Die ausschlaggebende Qualifikation – in den Augen des Herzogs zumindest – hat nach Ansicht der Elisabeth-Biografin Sarah Bradford mit pädagogischen Fähigkeiten allerdings erst in zweiter Linie etwas zu tun: Crawford ist gut zu Fuß.

Für die heranwachsenden Kinder tritt Crawfie an die Stelle des Kindermädchens Alla, die von nun an – und in den folgenden Jahren – die Überwachung der nächtlichen Ruhe im Kindertrakt übernimmt. Als Gouvernante soll Crawfie indes mehr als nur die Überwachung eines reibungslosen Tagesablaufs verantworten. Auch die Erziehung der Mädchen ist nun angesagt. Crawfie soll unterrichten: Schreiben und Lesen (schon weil der königliche Großvater sich heftig darüber beklagt, daß er selbst und seine eigenen Söhne keine vernünftige Handschrift antrainiert bekommen hätten), Singen, Tanzen, Musik und Malerei. Crawfie übernimmt die Aufgabe mit der Vorstellung, nach einer gewissen Zeit wieder nach Edinburgh zurückzukehren. Daraus wird nichts. 14 Jahre lang bleibt sie für Elisabeth und Margaret erste Ansprechpartnerin, Vertrauensperson, wichtigste Hilfestellung – bis kurz vor der Hochzeit Elisabeths. Ihren Platz in der britischen Geschichte verdankt Crawfie aber etwas ganz anderem. Drei Jahre nach ihrem Abtreten und der eigenen Hochzeit veröffentlicht die Exgouvernante, mittlerweile unter dem Namen Marion Buthlay, die Erinnerungen an die Jugend ihrer Schützlinge unter dem Titel *Die kleinen Prinzessinnen*. Es ist das erste Mal, daß eine ehemalige Angestellte des Königshauses ihre Erfahrungen öffentlich preisgibt, ohne daß dies vorher abgesprochen wäre. Entsprechend groß ist das Interesse der Öffentlichkeit, die das zunächst in der amerikanischen Frauenzeitschrift *Ladies' Home Journal* und dann in der britischen *Women's Own* vorabgedruckte Werk verschlingt. Der Hof indes, inklusive Crawfies Schützlinge und Mutter

Elisabeth, ist so heftig entsetzt, daß Marion Buthlay gleichsam über Nacht zur *Persona non grata* erklärt wird.

Es ist nicht wirklich so, daß Crawfies Erinnerungen irgendwelche Peinlichkeiten enthalten hätten. Das Buch ist voll von kitschigen Halbwahrheiten und hölzernen Platitüden. Es verherrlicht die Familienidylle der Yorks und deutet Kritik allenfalls an. Es taugt insofern als O-Ton-Quelle, nicht aber als Werk der Geschichtsschreibung. Für die Porträtierten bleibt es nichtsdestotrotz Verrat. Das Buch wirft Licht auf Begebenheiten, die im Dunkeln hätten bleiben sollen, und die den »magischen Glanz« und die Entrücktheit gefährden könnten, die der königlichen Familie so am Herzen liegen. Vor allem Elisabeth Lyon-Bowes, die inzwischen zur Königin gewordene Herzogin von York, macht am Hof ihrem Zorn über das Buch auffallend öffentlich Luft. So etwas soll nicht wieder vorkommen. Der Bann wird vom Hofstaat so streng beachtet, daß Marion Buthlay am Ende sogar das ihr vom König mietfrei überlassene Häuschen, Nottingham Cottage, nahe des Kensington Palace, verlassen muß. Und ihr Name findet Eingang in der englischen Umgangssprache: »Einen auf Crawfie machen«, »doing a Crawfie«, wird zum beliebten Ausdruck im Falle der Illoyalität enger Exmitarbeiter.

Der Abbruch aller Beziehungen steht am Ende eines eigentlich sehr angenehmen Arbeitsverhältnisses – für beide Seiten. Crawford beschreibt die Yorks in ihrem Buch als »die besten Arbeitgeber, die man sich wünschen konnte«, und Elisabeth bleibt in ihrem Dank an die Gouvernante bis zum Bekanntwerden des *Casus belli* öffentlich überschwenglich. Die beiderseitige Zufriedenheit beruht auf gemeinsamen Vorstellungen von jenem, was am Hofe zu tun oder zu lassen sei. Es gibt in der Tat nur einen Punkt, in dem Marion Crawford ein wenig von den Vorstellungen ihrer Auftraggeber abzuweichen scheint: in Fragen der Schulbildung. Die Debatte über die Notwendigkeit und den Wert eines strengeren Curriculums hat den Hof längere Zeit beschäftigt. Wie Jahre später auch das Haus Spencer. In beiden Fällen ging es schließlich um Mädchen. »Nur«, sollte man anfügen.

Für Elisabeth wie für Diana ist das Schicksal schließlich vorherbestimmt: Sie werden eine fröhliche und beschützte Kindheit haben, in sicherer Entfernung von den Eltern, sodann zu jungen Damen ausgebildet werden und später irgendwann passend und adäquat verheiratet. Eine akademische Ausbildung größeren Ausmaßes ist für eine derartige Karriere nicht notwendig, aus gut paternalistischer Sicht vielleicht noch nicht einmal wünschenswert. Das Fächerspektrum, das Marion Crawford für Elisabeth beschreibt, mag in diesem Sinne als hinreichend eingeschränkt gelten: Singen, Musizieren, Malen, Gärtnern – die schöne Handschrift nicht zu vergessen. Seiner jungen Tochter Diana preist der Viscount Spencer die erste Internatsschule – Riddlesworth Hall, immerhin zwei Autostunden von Park House entfernt – damit an, daß sie dort exzellenten Unterricht in Ballet, Schwimmen und Reiten erhalten würde und es zudem einen Platz für »Peanuts« gäbe, ihr Lieblingsmeerschweinchen.

Schon in der Kindheit gibt es aber standesgemäße Unterschiede. Auch wenn die Herzogin von York es einmal kurzzeitig erwogen haben soll: Für Elisabeth ist der Besuch einer normalen Schule undenkbar. Angeblich, so mutmaßt Ben Pimlott in seiner Biographie Elisabeths, stieß die Idee schon deshalb auf Widerstand – zunächst bei König Georg V., dann auch bei seinem Nachfolger Edward VIII. –, weil es mit der Schulwahl für die Prinzessin zu einer unnötigen und politisch riskanten Bevorzugung einer einzelnen Schule hätte kommen müssen. Wie ihre Schwester Margaret erhält Elisabeth zunächst Unterricht nur durch ihre Gouvernante, das Curriculum ist zwar breit, doch ohne jede Tiefe. Jahrzehntelang wird sich die Königin später über die mangelnde Vorbereitung auf ihre Lebensaufgabe beschweren. Immerhin: Aufgrund einer Initiative der Großmutter, Königin Mary, werden die Genealogie der europäischen Königshäuser, die englische Geschichte und die Geographie der Kronkolonien und Territorien mit in den Lehrplan aufgenommen.

Für Diana werden die Fächer nur so lange zusammengestellt, wie der Unterricht in der privaten Idylle eines kleinen Schulraums im Erdgeschoß von Park House stattfindet. Am Ende ihrer Grundschulzeit und mit dem Antritt in Riddlesworth Hall begegnet das dürre, aufschießende Mädchen dem Ernst des Lebens. Während Diana im Kreise der neugefundenen Freundinnen, im Schlafsaal und im Sportunterricht stets unter den Lautesten zu finden ist, hören ihre Lehrer in den »Sitzfächern« wenig von der jungen Lady. Die weitgehende Erfolglosigkeit setzt sich fort im Internat von West Heath in der Grafschaft Kent, in das sie ihren älteren Schwestern Jane und Sarah folgt. Mit Neid beobachtet sie die anhaltenden Höhenflüge ihres jüngeren Bruders, fruchtlos sucht sie sich dem Vorbild ihrer ehrgeizigen Schwester Sarah anzunähern. Diana sieht sich als Versagerin. Nur für ihre sportlichen Leistungen erhält sie Anerkennung – und für ihr außerkurrikulares Engagement. In Riddlesworth Hall verleiht die Schulmeisterin ihr den »Legatt Cup« für Hilfsbereitschaft, in West Heath erhält sie zum Abschluß ihrer Schullaufbahn 1977 den »Miss Clark Lawrence Award« für ihr Engagement im sozialen Bereich, nachdem sie jahrelang ein nahegelegenes Altersheim besucht und bei der Arbeit mit schwererziehbaren Jugendlichen mitgeholfen hat. Die »O-Levels« hingegen, die Abschlußnoten der Sekundarstufe I, sehen weniger berauschend aus: fünfmal »D«, fünfmal durchgefallen.

Oben werden Koffer gepackt. Durch die Wände sind laute, heisere Stimmen zu hören, abgehackte und erregte Gespräche. Türen knallen, dann ist Stille. Diana sitzt auf dem Treppenabsatz von Park House, als an einem Septembertag des Jahres 1967 Lady Frances Spencer mit dem Verlassen des gemeinsamen Hauses »versuchsweise« das Ende ihrer 13jährigen Ehe markiert. Diana ist sechs Jahre alt, ihr Bruder Charles erst drei. Das kleine Mädchen versteht nicht, warum »Mummy« so erregt ist, und warum sie ihre Koffer in den Wagen einladen läßt, mit dem sie nach London fahren wird. Daß ihre Eltern sich gewaltig streiten, hat Diana durch den Spalt der Eßzimmertür mitbekommen; vielleicht hält die Kleine das mittlerweile sogar für normal. Es liegt zweifellos außerhalb ihres Vorstellungsvermögens, daß sich die Eltern nicht mehr lieben könnten und nicht mehr miteinander leben wollen. Sie fühlt sich von der Mutter verraten und verlassen, sie fürchtet sich vor dem Schweigen des Vaters, den sie liebt, obwohl der zu Grobheiten neigt.

Über die Gründe für das Zerbrechen der Spencer-Ehe läßt sich beliebig spekulieren, ein Spiel, das gewissermaßen an jenem Septembermorgen begonnen hat und seitdem kein endgültiges Ende gefunden hat. Dianas Biograph Anthony Holden behauptet zum Beispiel, der Viscount habe seine Frau geschlagen; er habe zudem – anders, als es Diana später glauben machen will – getrunken und unter Alkohol die Kontrolle über sich verloren. Auch die schon erwähnte Feministin Beatrix Campbell hält die Aggressivität Johnnie Spencers für den Anlaß des Scheiterns. Sie glaubt allerdings auch, daß die Ehe schon zerbrochen war, bevor Diana geboren wurde – an John, dem Baby, das nicht hatte überleben können. Für Frances mag das zuallererst eine sehr intime, sehr persönliche Tragödie gewesen sein; für Johnnie hingegen nahm der Kindstod eine weitreichendere, gesellschaftliche Bedeutung an. Der Althorp-Erbe hätte seine Frau – so Campbell – von Anfang an nicht nur als Lebenspartnerin gesehen, sondern auch als notwendige Erfüllungsgehilfin für seinen eigenen Lebenszweck: den Stammhalter. Biologisch absurd, soll er die Dreierkette seiner Töchter ebenso wie den Kindstod des ersten Sohnes dem Unvermögen seiner Frau angelastet haben. Der Viscount hätte schließlich der Countess nicht verziehen, daß er so lange warten mußte auf das Freudenfeuer der Ankunft eines wahren Erben.

Die Trennung der Spencers ist so etwas wie ein mittlerer gesellschaftlicher Skandal. Natürlich werden auch in Großbritannien mittlerweile schon fleißig Ehen geschieden – aber zweifellos nicht »in den besseren Kreisen«. Zudem ist die Verbindung zwischen Frances und Johnnie nicht irgendeine gewesen. 1954 hatte die einschlägige Regenbogenpresse – und damit, in höflicher Anhänglichkeit, auch das stets mitfiebernde *Middle England* – die Heirat der erst 18jährigen Debütantin Frances mit dem distinguierten 30jährigen Althorp-Erben Johnnie als »die Hochzeit des Jahres« gefeiert; die Königin und die Königinmutter waren nach Westminster Abbey gekommen, um der Zeremonie vor dem Altar die entsprechende hochadlige Würde zu verleihen. Für die Öffentlichkeit war die Ehe bis zuletzt stets ein großer Erfolg gewesen – eine glückliche und blühende Verbindung, unter der, neben den vier Kindern, ein landwirtschaftlicher Gutsbesitz um Park House entstanden war, 42 Acres groß, dank der guten Übersicht des Viscounts und des Erbes der Viscountess. Die Zweifel, die Spannungen, das Unwohlsein waren unter der Oberfläche geblieben. Auf die Frage, wie viele Jahre er in der Ehe unglücklich gewesen sei, hat sehr viel später Johnnie Spencer trocken geantwortet: »alle«.

Die Ahnungslosigkeit des bürgerlichen Publikums, was die Wirklichkeit adliger Beziehungen, Verhältnisse und Lebensweisen anbelangt, gehört für die englische Aristokratie ganz offenbar zum *Savoir-vivre*. Man spricht nicht über die eigenen Privatangelegenheiten oder jene anderer Leute, und man fragt auch nicht danach. Es gibt zweifellos Fälle, in denen das öffentliche Totschweigen etwas

vom zwanghaften Verdrängen *jeder* Unannehmlichkeit hat und insofern pathologisch wirkt: Der Earl of Harewood, ein Vetter Elisabeths, schreibt über seine Mutter Mary, eine Schwester Prinz Al-
berts, daß sie nur in der Lage gewesen sei, über die allerunumstrit-
tensten Angelegenheiten Konversation zu führen. Über Beziehungen, Gefühle oder gar Konflikte wäre in ihrer Anwesenheit nie ein
Wort gefallen.

Die böse Überraschung gesellt sich allerdings naturgemäß irgendwann zum perfekten Schein dazu. Die sechsjährige Diana erlebt sie
in Form der Trennung ihrer Eltern. Und auch Prinzessin Elisabeth
bleibt davon nicht verschont. In ihrem zehnten Lebensjahr sorgt
eine plötzliche Offenbarung dafür, daß sich ihr Schicksal in ein völlig neues Koordinatensystem verlegt.

Man muß sich die bisherigen Bezüge noch einmal klarmachen:
Die kleine Prinzessin und die kleine Lady hatten es in ihren ersten
Lebensjahren, obschon sowohl vom Stande her als auch durch 40
Jahre getrennt, mit einem weitgehend ähnlichen Lebensentwurf zu
tun. Sie sollten unschuldige und glückliche Kinderjahre verleben,
ohne dazu verleitet zu werden, ihr Standesbewußtsein in blasiertes
Verhalten zu übersetzen; sie sollten das notwendige Maß an Bildung
vermittelt bekommen, ohne es aber damit zu übertreiben; und sie
sollten dann, als hoffentlich hübsche, wohlgesittete, charmante
junge Damen, passend verheiratet werden, um ihrer gesellschafts-
politischen, will sagen: biologischen Funktion gerecht zu werden,
für die nächste Generation des englischen Adels zu sorgen.

Am 2. Dezember 1936 erscheint in der *Yorkshire Post* ein im Nachhinein bizarr anmutender Artikel, in dem der Bischof von Bradford,
Dr. Blunt, mit einigen Bemerkungen über die sittlichen Defizite in
der Lebensführung des ungekrönten Königs Edward VIII. zitiert
wird. König Edward, vormaliger Prinz David, ist seinem Vater Georg V. vor Monaten auf den Thron gefolgt, nachdem dieser Anfang
des Jahres 70jährig gestorben war. In der Öffentlichkeit ist mit dem
Antritt des blendend aussehenden, modernen und charmanten König das Interesse an der Monarchie gestiegen, zumal der neue Souverän unverheiratet ist, was allerhand Anlaß für romantische Träu-
mereien bietet. Das Volk delektiert sich in Mutmaßungen darüber,
welche der unverheirateten Töchter der Adelshäuser Europas eine
Chance beim schicken Edward bekommen könnte. Die Presse hält

sich zurück. Man will sich, weil es sich nicht schickt und man zudem den Unmut der Leserschaft fürchtet, an Spekulationen über das Privatleben der königlichen Familie nicht beteiligen. Bis zu den Worten Bischof Blunts. Später wird der zwar immer wieder versichern, daß er mit seinen orakelhaften Sätzen nur und einzig den seltenen Kirchenbesuch des Oberhaupts der anglikanischen Staatskirche hatte kritisieren wollen, doch Eingeweihte (zu denen Blunt zu diesem Zeitpunkt gar nicht gehört) wissen mehr. Unter Journalisten, am Hof und in bestimmten besseren und besser informierten Kreisen ist seit Monaten bekannt, daß der neue König seit längerem die Dame seiner Wahl gefunden hat und mit ihr bereits in jeder Beziehung zusammenlebt. Allein, die Dame seiner Wahl, eine gewisse Wallis Simpson, ist bürgerlicher Herkunft, Amerikanerin (also vulgär) und, was den Skandal noch um einiges potenziert: mehrfach geschieden. Der König, so wird in ausländischen Zeitungen schon fröhlich verkündet, wird sie heiraten.

Es sind die Morgenausgaben am 3. Dezember, die dem ahnungslosen Volk die Neuigkeiten über die sich anbahnende Liebesheirat am Hofe zum Frühstück servieren. Die überwiegende Reaktion ist Empörung. Daß der König als Wächter des Glaubens die Ehelichung einer zuvor geschiedenen Frau überhaupt erwägen kann, übersteigt die Vorstellung der Zeitgenossen und, was folgenreicher sein wird, den Toleranzspielraum der Regierung. Die Sympathie für den König wandelt sich in Abscheu. Am Ende einer Vorlesung des Historikers Harold Nicolson im Londoner Stadtbezirk Islington wird vom Veranstalter die Bitte an die Gäste gerichtet, in die Nationalhymne einzustimmen: »God save the King« – Gott schütze den König. Von den etwa vierhundert Anwesenden, schreibt Nicolson später, leisten etwa zehn der Aufforderung Folge. Für das Großbritannien der Vorkriegszeit ist das in etwa vergleichbar mit einer öffentlichen Anstachelung zur Revolution.

Im Hause der Yorks wird die schwerste Krise in der Geschichte der neuzeitlichen britischen Monarchie vorsorglich unter den Teppich gekehrt. Elisabeth und ihre Schwester Margaret werden – ganz traditionellen Gebräuchen folgend – weder von ihren Eltern noch vom Personal in die historischen Geschehnisse der folgenden Tage eingeweiht. Auf der Tagesordnung stehen nach wie vor Spaziergänge, Singen, Musizieren, Malen. Nicht ausgeschlossen ist, daß zumindest Elisabeth, die schon eifrig Zeitungen liest, sich nach dem Grund einer Fülle von Überschriften fragt; es ist aber ebenso denkbar, daß man dem Mädchen die Lektüre der Postillen in diesen Tagen versagt. Mindestens wird Elisabeth aber aufgefallen sein, daß ihr Vater und ihre Mutter eine ungewohnt hektische Folge von Besprechungen und Besuchen absolvieren und überdies ständig schlechter Laune sind. Es braut sich etwas zusammen. Nur was, das weiß die kleine Prinzessin nicht.

Im Grunde geht dann alles relativ schnell. Am 10. Dezember 1936 unterzeichnet Edward VIII. die Thronverzichtserklärung, wird zum Herzog von Windsor und verläßt, nach einer gefühlsschwangeren Radioansprache an sein ehemaliges Volk, die Insel in Richtung Frankreich. Am nächsten Tag, um 13.52 Uhr, wird sein Bruder Albert als Georg VI. zum »König von Großbritannien, Irland und den Dominions über See« ausgerufen. Nicht nur für den vormaligen Herzog von York ist nun plötzlich alles ganz anders. Auch für Prinzessin Elisabeth hat sich über Nacht der Lebensentwurf gewandelt. Sie ist nun offiziell »wahrscheinliche Thronfolgerin«, »Heiress Presumptive of the Throne« – wobei die Einschränkung eher dem Protokoll und der Genauigkeit denn der Wahrscheinlichkeitsrechnung zu danken ist. Nur die Geburt eines Königssohnes könnte die Situation noch einmal verändern – kaum denkbar. Elisabeth selbst ist die Trendwende umgehend klar. Prinzessin Margaret erinnert sich daran, wie sie ihre Schwester in den Tagen der Inthronisierung des Vaters fragt: »Heißt das, daß Du einmal Königin wirst?« Worauf Elisabeth in aller Selbstverständlichkeit antwortet: »Ich nehme es an.«

Die großen Entscheidungen der Erwachsenenwelt erfahren die Kinder zunächst in Form des Ortswechsels: Elisabeth zieht ein paar hundert Meter weiter von 145 Piccadilly in den Buckingham Palace, eine Zunahme der bewohnbaren Fläche um einige hundert Räume. Diana wiederum folgt ihrer Mutter Frances nach wenigen Wochen nach und zieht – in Begleitung von Kindermädchen und Bruder – von Park House in deren Mietwohnung am Cadogan Place; einer der feinsten Adressen der Hauptstadt.

Lady Althorp hatte den verhängnisvollen Tag des Auszugs vorbereitet: Diana ist in London an einer Mädchenschule angemeldet, für Charles gibt es einen Kindergartenplatz. Jane und Sarah, die älteren Schwestern, sind im Internat West Heath untergebracht. Frances hofft offenbar, daß der Zerfall der Familie die Kinder nicht allzu stark belasten wird. Die Eltern vereinbaren zu diesem Zweck einen regelmäßigen Besuchsverkehr. An Wochenenden werden Charles und Diana nach Park House gefahren; wenn er in London ist, kommt der Viscount wie selbstverständlich am Cadogan Place vorbei. Den Kindern führt das verbitterte Expaar dabei das schlechte, weil selbst für den jüngsten Nachwuchs durchschaubare Theaterspiel einer nur leicht gestörten Normalität vor. Gute Freunde der Familie und einige der späteren Diana-Biographen meinen insofern berichten zu können, daß die Trennung der Eltern dem jungen Mädchen weniger eine Tragödie denn ein willkommener Anlaß zur Aufregung gewesen sei. Es gibt aber auch Hinweise darauf, daß diese Version ein wenig zu naiv, zumindest zu optimistisch sei.

Für Elisabeth scheint eine entsprechende Feststellung schon eher berechtigt: Wandel ist aufregend. Das Bewältigen und Verdauen des plötzlichen familiären Kurswechsels wird durch das damit verbundene Unterhaltungsprogramm zumindest erleichtert. Zwar stößt – wenn man Crawfie Glauben schenken darf – der Auszug aus dem geliebten Haus der Kindheit nicht vollends auf das Wohlwollen der Prinzessin; der große Palast auf der anderen Seite von Green Park bietet aber dafür der gewachsenen Herde von Holzpferden sowie den geliebten Corgies eine etwas standesgemäßere und neu einzurichtende Unterkunft. Elisabeth verfügt nun neben ihrem Schlafgemach im zweiten Obergeschoß über den Räumen der Eltern über ein eigenes Wohnzimmer, dem ein weiterer Raum angeschlossen ist. Das Dienstpersonal – nach wie vor die alte Alla, die für die Nachtschicht zuständig ist, Crawfie und Bobo Mac Donald – wohnt mit auf der Etage, auf der es, ein bescheidener Luxus für diese Zeit, zwei Badezimmer gibt. Und die neue Existenz zeigt flugs auch der Kinderseele ihre attraktive Seite. Wenn man also an einem der bunt uniformierten Wachsoldaten vorbeiläuft, die wie Statuen rund um den Palast stehen, präsentiert der Mann kurz sein Gewehr, ohne dabei auch nur mit den Augen zu zwinkern. Das funktioniert auch mehrfach, wenn man also ein bißchen vor- und zurückgeht. Man muß sich nur vorsehen, bei diesem Experiment nicht von der Gouvernante erwischt zu werden, weil es andernfalls Schimpfe gibt.

Es gibt auch ernsthaftere Veränderungen im Leben der jungen Prinzessin. Das eher zurückgezogene, sehr private Leben der Herzogsfamilie gehört der Vergangenheit an. Als Herzog hat Vater Bertie allenfalls enge Freunde zu Hause empfangen, und auch dies nur hin und wieder. Als König Georg VI. ist er für die Kinder nun noch seltener als zuvor zu sehen. Fast täglich muß er Audienzen halten, Besuche abstatten und, was er am meisten fürchtet, Reden halten. Denn Albert ist nicht auf eigenen Wunsch König geworden – darüber sind sich die Historiker einig, auch wenn sie sonst die Affäre um Edward VIII. und Wallis Simpson durchaus unterschiedlich beurteilen. Die Yorks jedenfalls hatten das Unheil offenbar schon nach dem Tod Georg V. kommen sehen, als Bruder David (Spitzname: »Prince Charming«) in die königliche Nachfolge trat. In Buckingham Palace war sofort ein frischer Wind eingekehrt, eine aus heutiger Sicht sicher wohltuende Modernität und Leichtigkeit nach der Erstarrung unter dem eher formalistischen Georg V. Mit Edward hatte gleichzeitig eine ganz neue Gesellschaft am Hof Einzug gehalten. Zu der fröhlichen Entourage gehörte von Anfang an auch Wallis, der Edward 1933 von seiner vorherigen Geliebten, der mit einem Reeder verheirateten Thelma Furness, vorgestellt worden war. Der alte Hofstaat beobachtete die Ankunft der »vulgären Schar« mit ebensolcher Mißbilligung wie die königliche Verwandtschaft. Königin Mary, die sich nach dem Tod ihres Mannes nach Marlborough House hatte abschieben lassen müssen (nicht aber, ohne die sündhaft teuren Seidentapeten aus ihren Zimmern mitzunehmen), ließ den Sohn ihr Mißfallen in den ihm gewährten Audienzen mal durch spitze, mal durch eiskalte Bemerkungen spüren. Die Yorks gaben sich zurückhaltender und hielten – entsprechend der aristokratischen Devise – einfach dicht. Es war ohnehin unübersehbar, daß sie zur neuen »Szene« am Hof schlicht nicht paßten. Die neue Gesellschaft hatte Schick, folgte Mode und Trends, vergnügte sich mit Kunst, Kultur und populärer Musik. Bertie und seine Frau Elisabeth waren eher konservative Menschen und zudem von einfacherem Geschmack. Die Herzogin, obwohl durchaus beliebt, reizte mit ihrem recht eigenen Sinn in Kleiderfragen zu manch lästerlicher Bemerkung in der Gesellschaft. Ein Foto aus jener Zeit bringt den Kontrast recht deutlich auf den Punkt: Es zeigt Herzogin Elisabeth in einem hochgeschlossenen Kleid und mit Hut an einem Swimmingpool sitzend; zu ihren Füßen Thelma Furness, mit schulterfreiem Badekostüm und offenen Haaren. Zwei Welten treffen aufeinander.

Über Wallis Simpson wird nicht gesprochen. Bei einem Besuch des jungen Königs in Royal Lodge, dem Landhaus der Yorks im Park von Windsor, ist sie im Sommer einmal dabei. Man bleibt freundlich, aber zurückhaltend und signalisiert gleichzeitig deutliches Desinteresse. Solange sie »nur« eine Geliebte ist, hält die Fassade der Freundlichkeit, weil man die Mesalliance ganz nach alten Familientraditionen nicht wahrzunehmen vorgibt. Als Edward im Dezember ankündigt, sie heiraten zu wollen, verändert sich dann der Ton. Bertie bekniet regelrecht seinen Bruder, diesen Schritt um des Thrones und des Königsreichs willen zu unterlassen. Edward bleibt stur und macht die Sache öffentlich. Die Regierung unter Stanley Baldwin wird einbezogen. Sie lehnt das Ansinnen des Königs in einer offiziellen Note ab. Wenn er trotzdem und unter Mißachtung der Thronfolge-Gesetze von 1701 heiraten sollte, würde Wallis Simpson nicht zur Königin werden und mögliche Nachkommen nicht zu Thronfolgern. Um eine Verfassungskrise zu verhindern (und womöglich um der politischen Unzuverlässigkeit des zuweilen mit nationalsozialistischen Ideen liebäugelnden Souveräns zu entgehen), legt Stanley Baldwin seinem Arbeitgeber den Thronverzicht nahe. Prinz Albert bricht nach eigenen Angaben weinend in den Armen seiner Mutter zusammen, als er dieser zum Höhepunkt der Krise von den Vorgängen berichtet.

Bertie will den Thron nicht. Er fühlt sich weder ausreichend vorbereitet auf das Amt des Staatsoberhaupts noch vom Intellekt her dazu in der Lage, dem Land in der sich anbahnenden Krise – Europa brodelt – eine Führungsfigur zu sein. In seiner Kindheit hat zudem sein Vater Georg V. das Selbstbild seiner Unzulänglichkeit so tief in ihm verwurzelt, daß es dem Sohn gewissermaßen zur zweiten Natur geworden ist. Bertie ist bescheiden und scheu geblieben, auch wenn es seinem Selbstbewußtsein einen gehörigen Aufschwung gegeben hat, daß er 1923 die allseits begehrte Elisabeth Bowes-Lyon hatte freien können – wenn auch erst im dritten Anlauf. Seine Aufgaben als Prinz verfolgt er mit einem gewissen Enthusiasmus, aber ohne übermotiviert zu sein. Seit dem Ersten Weltkrieg hat er als Präsident der wohltätigen »Industrial Welfare Association« ein paternalistisch geprägtes Interesse für das Leben der Arbeiter entwickelt; zeitlebens engagiert er sich überdies im »Duke of York-Club«, in dessen Sommerlagern Jungen aus reichen und aus armen Verhältnissen für eine

Woche »Brot und Spiele« zusammenkommen können. Doch der Linkshänder Bertie, der das Schreiben mit der rechten Hand erst hat mühsam lernen müssen, leidet nicht nur unter Höhenangst, sondern er fürchtet sich auch, was für Thronanwärter eher unpraktisch ist, vor großen Menschenmengen. Und er stottert, was jede Rede zu einer Tortur macht, für ihn wie für das Publikum.

Gerne wird in britischen Geschichtsbüchern geschrieben, daß Albert die Krone widerwillig und nur aus reinem Pflichtbewußtsein gegenüber der Nation angenommen habe. Das ist eine schöne und sicher auch hilfreiche Legende; selbst Bertie dürfte aber genügend Eitelkeit besessen haben, um von der Idee, nun doch selbst König zu werden, zumindest ein wenig begeistert gewesen zu sein. Elisabeth Bowes-Lyon jedenfalls, die für die kommenden Jahre zur Verwirrung des Publikums also Königin Elisabeth genannt werden wird, ist sicher hinreichend erpicht auf den Einzug in den Palast. Und sei es nur, um sich bei Wallis Simpson zu rächen, die sich in der kurzen Zeit ihrer heimlichen Herrschaft im Königshaus über die hausbackene Art der Herzogin lustig gemacht und sie mehr als einmal geschickt düpiert hat.

Der Dünkel der heutigen Königinmutter steht dem der alten Königin Mary in nichts nach. Die Kinder, so entscheiden die beiden Königinnen, sollen in Zukunft noch standesgemäßer erzogen werden. Das »Mummy« und »Daddy« wird Dritten gegenüber zugunsten von »the Queen« und »the King« fallengelassen; das Mittagessen in der Kinderstube wird von nun an von livrierten Dienern gereicht. Es bleibt von der langweiligen Küche englischer Art, aber immerhin wird jetzt täglich ein Menü gedruckt. Auf Französisch.

Wenn man den Chronisten Glauben schenken darf (und jemand anderes ist, wie gesagt, in diesen Angelegenheiten nicht mehr befragbar), dann nimmt Klein-Elisabeth die Ereignisse mit Eifer, Erstaunen, aber offenbar gleichzeitig mit einer gewissen Gelassenheit wahr. Immerhin kann sie miterleben, wie ihr Vater sich ängstlich, nervös und gereizt in die neue Rolle einzuleben beginnt. Er hat, wird ihr immer wieder von der Mutter und der Gouvernante eingebleut, seine Pflicht zu erfüllen und wird es dabei eine Weile lang nicht leicht haben. Die großen Menschentrauben, die nun häufiger vor Buckingham Palace auftauchen – wie um dem neuen, etwas unglücklichen König die Anerkennung des Volkes zu versichern –, signalisieren der kleinen Prinzessin, daß ihr Vater in seinem neuen Amt reüssiert. Sie ist stolz auf ihn.

Auch Diana wird später von den Ereignissen in ihrer Kindheit geprägt werden, aber weniger hilfreich. Der mütterliche Auszug aus Park House markierte erst den Anfang einer bitteren Auseinandersetzung, in die Diana immer stärker und immer schmerzlicher hineingezogen werden wird. Denn Lady Spencer machte einen Fehler. Das Scheitern der Beziehung zu ihrem Mann war der Grund der Trennung, der Anlaß war ein anderer. Ein anderer Mann.

Die Spencers hatten Peter Shand Kydd, einen in Australien zu Reichtum gelangten Geschäftsmann, und seine Frau, die Künstlerin Janet Munro Kerr, im Jahr zuvor auf einer Dinner-Party in London kennengelernt. Bald schon verabredet man sich zu einem gemeinsamen Ski-Urlaub in der Schweiz. Frances steht wie gebannt vor Shand Kydd. Der extrovertierte Bohemien erscheint ihr als das genaue Gegenteil des grummelnden und verschlossenen Viscounts. Sie verliebt sich. Bald nach der Rückkehr aus dem Urlaub verläßt Peter Shand Kydd seine Frau und die drei gemeinsamen Kinder. Heimlich trifft er sich mit Frances Spencer in einem Appartment in South Kensington, London.

Im April 1969 läßt sich Janet Munro Kerr von ihrem Mann scheiden – Grund: Ehebruch. Als beschuldigte Dritte taucht in den Gerichtsakten Frances Spencer auf. Die Sache wird öffentlich bekannt, was nicht allzu hilfreich ist, als Frances ihrerseits eine Klage um das Sorgerecht für ihre Kinder einreicht. Johnnie Spencer hat inzwischen – kurz nach Weihnachten – die Zügel wieder an sich gerissen und die Kinder nach dem Neujahrsfest nicht wieder zurück nach London geschickt. Der Viscount will die Kinder behalten und beginnt, das Bild der ehebrechenden, rücksichtslosen, vergnügungssüchtigen Frances zu zeichnen, das sich in der »besseren Gesellschaft« für Jahre wird halten können. Im Prozeß um Sarah, Jane, Diana und Charles sagt deren Großmutter Lady Ruth Fermoy gegen die eigene Tochter aus. Der Viscount setzt sich durch. Frances Spencer, die im Mai 1969 den damals 43jährigen Peter Shand Kydd heiratet, wird ihrer Mutter diesen Verrat nie verzeihen.

Diana nimmt scheinbar, wie Zeitgenossen beschreiben, die Scheidung in der ihr bereits eigenen Art auf: passiv und still. Sie macht sich im Haushalt noch ein bißchen nützlicher, ohne daß dies, angesichts des Personals, so recht notwendig wäre. Doch in der Schule merkt sie bald, daß sie als Kind geschiedener Eltern einfach »anders« ist – eine Außenseiterin. »Ich habe immer gefühlt, daß ich anders als andere bin«, zitiert sie später Andrew Morton. Rebelliert wird einzig und in enger Kooperation mit dem kleinen Bruder gegen die häufig wechselnden Kindermädchen. Die gewählte Waffe ist die Nadel im Sitzkissen, ansonsten wird verbal gestichelt. Mißtrauisch ist Diana vor allem gegen besonders gut aussehende Nannies. Sie fürchtet, die jungen Frauen könnten die Stelle der Mutter einnehmen. In der Schule wird offenbar, daß sie die Trennung der Eltern ebensowenig verwunden hat wie – interessanterweise – der »geschockte« Viscount, der monatelang, wenn Charles' Erinnerungen stimmen, seine Abende schweigend im Wohnzimmer verbringt. Was Diana in der geliebten Kunststunde (der einzigen, in der sie wirklich reüssiert) zu Papier bringt, wird immer noch »Mummy and Daddy« gewidmet. Am schlimmsten aber werden ihr die Nächte in Park House in Erinnerung bleiben. Wach zu liegen und den kleinen Bruder in seinem Zimmer auf der anderen Seite des Gangs ängstlich nach seiner Mutter rufen zu hören, ohne den Mut aufzubringen, durch die Dunkelheit zu ihm zu gehen: Diana erzählt noch in den Neunzigern davon.

Wenn für die junge Elisabeth in Buckingham Palace über Nacht die traditionelle Lebensinszenierung der königlichen Familie zum Alltag wird, schleicht sich in Dianas tägliche Erfahrung langsam, aber sicher der Konkurrenzkampf beider Elternteile ein. Den Anfang machen die Wochenend-Pendelei zwischen London und Sandringham und die damit verbundenen Schuldgefühle beim jeweiligen Abschiednehmen am Bahnsteig. Der Geschenksegen aus beiderlei Richtungen zementiert die neuen Koordinaten in Dianas Leben: Mutter Frances und Vater Johnnie kämpfen um den Liebesvorzug. Mit einem Dromedar zum Beispiel, das zur Begeisterung der anwesenden Kinderschar Dianas Vater anläßlich ihres siebten Geburtstages im Juli 1968 aus einem nahen Zoo ausleiht. Oder vor Weihnachten, wenn die Kinder durch den Katalog von Hamleys blättern dürfen, dem an der Regent Street beheimateten größten Spielzeugwarenladen Londons. An den Feiertagen werden die angekreuzten Wünsche dann großzügigst erfüllt. Die mit den Geschenken verknüpfte Erwartungshaltung erkennt Diana durchaus. 1969 wird sie zur Hochzeit ihrer Kousine Elizabeth Wake-Walker eingeladen. Am Vortag erhält sie von ihrem Vater ein wunderschönes weißes Kleid, von der Mutter ein ebenso schickes grünes. Sie weiß, daß mit der Entscheidung für das eine oder das andere die beiderseits angestrebte Bevorzugung verbunden wäre. Ein gruseliges Spiel für eine Achtjährige.

Es ist immer verlockend, das spätere Erwachsenenleben mit den in der Kindheit erlebten Schicksalsschlägen erläutern zu wollen. Im nachhinein ziehen sich die großen, unübersehbaren Verbindungslinien quasi von allein – während jene denkbaren Konsequenzen, die nicht eingetreten sind, gar nicht mehr wahrgenommen werden müssen, da sie ja nicht wahr geworden sind. Ist Elisabeth zurückhaltend und brav, ordentlich und pflichtbewußt geworden, weil ihr diese Charakterzüge während ihrer an Rollenvorbildern ansonsten eher armen Kindheit so überdeutlich eingeprägt wurden? Natürlich. Und sind die Gründe für Dianas spätere Eßstörungen und ihre emotionale Verletzlichkeit im Scheitern der Ehe Spencer zu suchen? Gewiß. Es bedarf keiner besonders tiefen Kenntnisse der Entwicklungspsychologie, um das jeweils eine mit dem jeweils anderen zu begründen. Und doch sind Existenzen nicht so einfach gestrickt. Der Blick von außen, das vermittelte und kolportierte Wissen über die Kinderjahre zweier letztlich Fremdgebliebenen sind nicht unbedingt die zuverlässigste Grundlage, um endgültige Diagnosen zu rechtfertigen. Erahnen ist angesagt – Schlüssiges abschätzen, Naheliegendes bewerten. Sowenig steht fest: Diana muß gekämpft haben. Die Sehnsucht nach einem authentischeren Liebesbeweis von seiten der Eltern wird vom Geschenksegen geplättet. Zum Abbau emotionaler Verwirrungen im Wochenend-Umfeld steht nur der britische Zugverkehr zur Verfügung. Und gegen den nicht abreißenden Kindermädchenstrom helfen auch Stecknadeln nicht weiter. So findet Diana scheinbar Glücksmomente im darstellenden Spiel und im Tanz. Schon in der Grundschule hat sie gerne auf der Bühne gestanden – solange sie nichts sagen mußte. Bald nimmt sie eifrig Ballett- und Steptanzstunden. Sie träumt von einer Karriere als Tänzerin, ist aber schon als Jugendliche zu hochgewachsen dafür. Später berichtet sie, sich in der Internatszeit des Nachts in den Tanzsaal geschlichen und dort alleine Figurinen und Sprünge geübt zu haben. Dianas Bruder Charles hat diese erstaunliche (und etwas unglaubwürdige)

Geschichte immerhin bestätigt, als er Andrew Morton von Dianas Tanzstunden in Althorp House erzählte: Im großen Auditorium hätte die Schwester stundenlang unter den Ahnenporträts getanzt. Ein Publikum aber hätte sie sich verbeten. Die Angestellten und er hätten sie durch das Schlüsselloch beobachtet.

Der tiefgreifende Wandel im Leben der jungen Elisabeth wird nach dem Umzug in den Palast – und dann vor allem nach Ende der »Einarbeitungszeit« ihres Vaters – für alle Beteiligten rasch deutlich. Schließlich ist sie jetzt des Königs Tochter – und damit halten auch in Elisabeths Alltag protokollarische Pflichten Einzug. Folgerichtig wird das Kind nun auch häufiger präsentiert, zumal, wenn Gäste am Hofe zu Besuch sind. Das führt zu absonderlichen Widersprüchen. Elisabeth trägt noch immer betont kindliche Kleidung; die Eltern wollen so vermeiden, daß es im Äußerlichen zu einer allzu starken Trennung zwischen den beiden Töchtern kommt. Prominente Zeitgenossen hingegen zeigen sich von der Wachheit und gelegentlichen Frühreife der Prinzessin angetan. Winston Churchill schreibt ihr früh eine »Aura der Autorität« zu, die Eltern John F. Kennedys – Vater Joe war zu dieser Zeit US-Botschafter in London – genießen ihre »wachen Fragen«. Spätestens als Zwölfjährige ist die Prinzessin fest in das Palastprotokoll eingebaut.

Nicht zuletzt Crawfie ist es zu verdanken, daß gleichzeitig ein wenig gegengesteuert wird. Die Gouvernante will der Prinzessin den Zugang zur Normalität erhalten – oder ihn sogar erst einmal schaffen. Ihre anhaltende Sorge, die zwischen den Zeilen später auch aus ihren Erinnerungen zu lesen sein wird, gilt dem Mangel an Kontakt mit »normalen« Gleichaltrigen. Mit Buckingham Palace ist selbst die nur gelegentliche Begegnung mit anderen Mädchen, etwa in Green Park, unmöglich geworden, und Nachbarn, die man mal eben einladen könnte, gibt es ebenfalls nicht. Die gewählte Alternative liegt im Erschaffen einer Art künstlicher Normalität: Die »Buckingham Palace-Pfadfinderinnen-Gruppe« wird gegründet – nebst *Brownies,* wie die Jüngeren bei den britischen Pfadfinderinnen genannt werden, damit auch Schwester Margaret ihr natürliches Umfeld erhält. Selbstverständlich steht die Mitgliedschaft in der Gruppe nicht gerade jedem offen – immerhin aber nehmen Elisabeth und ihre Schwester keine Sonderrollen im Verband ein. Elisabeth wird zwar bald zur »Stellvertretenden Gruppenführerin« ernannt, was aber nichts mit ihrer königlichen Abstammung zu tun haben soll.

Auch für Diana bleibt Jahrzehnte später »Normalität«, im Sinne einer alltäglichen und mit vielen zu teilenden Erfahrung, etwas Unbekanntes. Bei allen emotionalen Schwierigkeiten, trotz allem Mangel an Leichtigkeit im Umgang mit den Eltern (was sie makabrerweise zu einem typischen Fall ihrer Generation machen könnte), bildet der rein materielle Rahmen ihrer Kindheit und Jugend etwas Außergewöhnliches: *Sloane* also – nach den stets etwas gelangweilt dreinblickenden, teuer gekleideten und gut frisierten Mädchen aus besseren Häusern, die in den Cafés am Londoner Sloane Square einzukehren pflegen. Und wer unbedingt möchte, kann im weichgezeichneten Licht in Park House, Riddlesworth Hall oder im Internat West Heath auch eine süßliche Enid-Blyton-Idylle erkennen. Kontakt mit dem richtigen Leben findet allenfalls in den »sozial engagierten« Ausflügen statt, die von West Heath aus unternommen werden. Doch auch der Einsatz für ältere Menschen oder behinderte Kinder rundet im Grunde nur die Blyton-Idylle ab. Mit Selbstaufgabe hat das aristokratische Engagement noch lange nichts zu tun.

Trotzdem findet Diana einen dosierten Zugang zu einer eher bürgerlichen Alltäglichkeit – über ihre Mutter, inzwischen Frances Shand Kydd. Mit ihrem neuen Mann ist diese mittlerweile an die Küste von West Sussex gezogen, nach Itchenor, wo die beiden ein eher bescheidenes Haus namens »Appleshore« gekauft haben. Im Sommer gehen die Kinder mit Peter Shand Kydd segeln, was Bruder Charles einen Spitznamen einhandelt, den er lebenslang behalten wird: »the Admiral«. Diana wird von Shand Kydd wohl aufgrund ihres stets makellosen Benehmens zur »Duchess« getauft, zur Herzogin. Die Ferien bei der Mutter üben einen ganz einfachen (und für sie vermutlich gar nicht so leicht festzumachenden) Reiz auf die Althorp-Kinder aus: Es gibt bei den Shand Kydds kein ständig anwesendes Personal, dessen sie sich zu erwehren hätten.

1975 stirbt der Earl von Althorp, Dianas Großvater Jack, 83jährig. Sein Sohn Johnnie erbt das riesige Anwesen in Northamptonshire, 13 000 Acres groß, samt den wertvollen Sammlungen alter Gemälde, Statuen und Porzellan aus dem 17. Jahrhundert sowie der Marlborough-Kollektion; dazu kommt allerdings eine Erbschaftssteuerlast in Höhe von 2,25 Millionen Pfund. Während der Vater mit dem Erbe auch den Titel des 8. Earl von Althorp übernimmt, rücken die Mädchen offiziell zu Ladies auf, Sohn Charles wird Viscount. Um den Kindern den Umzug nach Althorp schmackhafter zu machen, mit dem zumindest Charles düstere Erinnerungen verbindet, läßt der neue Earl umgehend einen beheizbaren Swimmingpool installieren. Das Anwesen kommt an. Die Familienfotos, die man in der seit 1997 während der Sommermonate geöffneten Diana-Ausstellung in den Althorp-Stallungen findet, erzählen die freundliche Geschichte einer glücklichen, sportiven und sonnigen Jugend. In die allerdings, nach und nach, eine aus Dianas Sicht weniger attraktive Gestalt einzudringen weiß: Raine, zu diesem Zeitpunkt gerade Countess von Dartmouth. Die neue Frau an des neuen Earls Seite (würde das nicht zu weit führen) wäre im Grunde ein Kapitel für sich wert. Allein ihre Mutter bot den einschlägigen Kreisen abendfüllenden Gesprächsstoff: Barbara Cartland, die stets in rosarot gekleidete, von rosarotem Dekor und entsprechendem Duft umgebene Autorin einer endlosen Serie kitschiger Schicksalsromane; die allermeisten selbstverständlich aus der Bestsellerliga. Tochter Raine hat zum Zeitpunkt ihres Eintitts in das Leben der Spencers bereits eine bunte Karriere hinter sich. Sie ist Lady Lewisham gewesen, hat sich 1962 zur Countess von Dartmouth geheiratet und ist in London als konservative Bezirkspolitikerin bekannt geworden – »mit Ansichten, so festzementiert wie ihre Frisur«, wie Andrew Morton schreibt. Seit sie gemeinsam mit dem alten Earl an einem Buch gesessen hat, ist sie ganz offensichtlich an der Eroberung Althorps interessiert; und das Interesse zeigt sie nun Johnnie, obwohl sie zu Anfang der Affäre noch verheiratet ist.

Diana und ihr Bruder Charles lernen die neue Frau im Leben ihres Vaters Anfang der Siebziger bei einem festlichen, also: steifen Abendessen in einem Hotel kennen. Es ist Abneigung auf den ersten Blick. Charles regt sich später so auf, daß er Raine 1977 einen anonymen Haßbrief schreibt – da ist der junge Mann erst zwölf. Und die Kinder sind erst recht schlecht auf die »Walküre« zu sprechen, nachdem ein Brief auftaucht, in dem sie Johnnie – vor dem Tod seines Vaters – ihre Pläne für Umbauten in Althorp erläutert. Doch Raine ist nicht mehr zu verhindern. 1977, kurz nach ihrer (selbstverschuldeten) Scheidung vom Earl von Dartmouth, heiratet sie Johnnie in einer schlichten Zeremonie in Caxton Hall. Die Kinder sind nicht eingeladen, und sie erfahren von der zweiten Hochzeit ihres Vaters auch erst im nachhinein; dem jungen Charles wird das Ereignis von seinem Schulleiter mitgeteilt.

Der Haussegen bei den Spencers hängt nunmehr schief – und das für immer. Jane, die älteste Spencer-Tochter, spricht für zwei Jahre kein einziges Wort mit ihrer neuen Stiefmutter. Ihre Schwester Sarah ignoriert die neue Hausherrin gegenüber dem Personal und tut so, als sei sie selbst *in charge*. Bruder Charles beginnt, sich demonstrativ für das Inventar des Hauses zu interessieren – in offenem Mißtrauen gegenüber den materiellen Interessen Raines. Nur Diana, so erzählt die ihres Images als »böse Stiefmutter« bald überdrüssige Lady Althorp später der Journalistin Jean Rook, sei »immer süß gewesen. Sie beschäftigte sich mit ihren eigenen Sachen.«

Einen sicheren emotionalen Hafen für die Zeit ihrer Pubertät aber bietet Althorp für Diana nicht mehr. Unglücklich wird sie am Ende ihrer Schulzeit in die Schweiz geschickt, auf das edle, unendlich teure und renommierte Institute Alpin Videmanette. Unter der Überschrift »Hauswirtschaft« wird hier den höheren Töchtern der aristokratischen Welt der Umgang mit Personal beigebracht sowie das feine Benehmen späterer Gastgeberinnen größerer Gesellschaften. Dazu gibt es Unterricht in Nähen, zudem soll Französisch gesprochen werden, *noblesse oblige*. Diana genießt eigentlich nur das Skifahren. Angeblich schreibt sie traurige Briefe nach Hause, mit denen sie schlußendlich ihre Eltern überreden kann, das Schulgeld zu sparen und sie zurückkommen zu lassen.

50 Fortgeschickt – erneut eine gemeinsame Erfahrung unserer beiden Protagonistinnen – wurde auch die junge Prinzessin Elisabeth, allerdings aus durchweg anderen Gründen. Für Elisabeth soll die Jugend damit nicht zu einer Zeit der Emanzipation oder zur Phase eines dynamischen Abschieds von den Eltern werden, sondern gewissermaßen zu einer Zeit des Stillstands.

Schon bei der Thronbesteigung Georgs VI. galt die Nervosität der Regierung nur in zweiter Hinsicht der Krise der britischen Monarchie. Die zunehmende Bedrohung, die von dem sich wiederbewaffnenden Deutschland ausgeht, ist Inhalt manchen Kassibers, der das ehrwürdige Foreign Office an der Whitehall erreicht. Auch der König erhält in seiner wöchentlichen Post die wichtigsten Nachrichten vom Kontinent und aus den Kolonien. Und auch Georg VI. weiß bald, daß ein Krieg nicht länger ausgeschlossen ist.

Zunächst erfordert dies erhöhte Reisetätigkeit. Mit königlicher Diplomatie wird Werbung für Allianzen gemacht. Der König und die Königin fahren nach Paris, die Kinder bleiben zu Hause. Der König und die Königin fahren nach Kanada und in die USA, wo Franklin Delano Roosevelt immerhin auch »eine oder beide« Töchter mit eingeladen hat. Die Kinder begleiten sie trotzdem nicht. Man hält, so heißt es in London, den Reisestreß für zu groß, als daß man ihn der bald 13jährigen Elisabeth zumuten möchte. Das öffentliche Interesse (und Mitleid) ist groß. Tausende verabschieden mit Elisabeth und Margaret das königliche Paar auf der Abreise von Southampton; Tausende sind wiederum dabei, als die beiden Kinder der Ankunft der Majestäten entgegenfiebern.

Als am 1. September 1939 mit dem deutschen Überfall auf Polen der Zweite Weltkrieg ausbricht, befinden sich die Prinzessinnen auf Schloß Balmoral, dem schottischen Sommersitz der Königsfamilie. Der König und seine Frau sind ein paar Tage vorher schon in die Hauptstadt zurückgekehrt; die Nachricht des deutsch-sowjetischen Nichtangriffspakts vom 23. August hat London in Aufregung versetzt und die Krisenstimmung verstärkt. Am 3. September, dem Tag der Kriegserklärung Großbritanniens, werden die Prinzessinnen aus dem Schloß evakuiert und zunächst nach Birkhall verfrachtet, ein »kleineres« Haus auf den zu Balmoral gehörenden Ländereien. Zu der kleinen Landpartie gehören ein Polizeioffizier, ein königlicher Rittmeister, ein paar Schutzpolizisten und ein Chauffeur. Hinter dem Aufgebot steht die Sorge, daß der deutsche Geheimdienst versuchen könnte, die Prinzessinnen zu entführen.

Die ewige Crawfie versucht einmal mehr, ein kleines Stück Normalität zu retten. Eine neue Pfadfinderinnengruppe wird gefunden, in der es Elisabeth und Margaret nun plötzlich wirklich mit ganz normalen Menschen zu tun haben. Auch die angelaufenen Bemühungen um eine der zukünftigen Aufgabe angemessenere Ausbildung werden fortgeführt. Der Vize-Provost der Elite-Schule Eton, Sir Henry Marten, gibt seine Privatstunden in Verfassungsgeschichte nun allerdings nicht mehr persönlich am Eton College, sondern schickt Aufgaben per Post. Der Wattehandschuh, der die psychologische Unversehrtheit der königlichen Kinder gewährleisten soll, wird hingegen nicht ausgezogen. Damit es keine allzu aufregenden Nachrichten der welthistorischen Geschehnisse gibt, liest Crawfie die Zeitungen laut vor. Die Zensur in Sachen eigene Erfahrung bleibt erhalten.

Von Birkhall geht es zum Weihnachtsfest nach Sandringham. Doch der küstennahe Ort ist der britischen Regierung zu gefährlich. Zunächst werden die Prinzessinnen nach Royal Lodge geschafft, eine Art größerer Jagdhütte im Großen Park von Windsor, die Georg V. vor Jahren dem damaligen Herzog von York geschenkt hat. Als Hitlers Armeen im Mai 1940 die Niederlande überrollen, werden die wertvollen Kinder auf die Burg von Windsor bestellt. Das zum Fort ausgebaute alte Königsschloß gilt nunmehr als sicher. Geschlafen wird in tiefen Gewölbekellern; unter Brunswick-Tower gibt es auch einen modernen Bunker. In Windsor bleiben Elisabeth und Margaret fast vier Jahre lang. Die Nation weiß nichts davon. Auf Fotos jener Zeit stehen die Prinzessinnen stets vor neutralem Hintergrund. Der Feind soll nicht wissen, wo sich die nächste Generation der Monarchie aufhält.

2. Die inszenierte Kraft der Romanzen – Männer

»He is the one.«
»Er ist es.«
Elisabeth 1942 *in einem Brief an Crawfie*

»You should be with somebody to look after you.«
»Sie sollten mit jemandem zusammensein, der sich um sie kümmert.«
Diana 1980, *auf einem Heuballen, zu Charles, Prinz von Wales*

Nicht immer lassen sich in den Leben Dianas und Elisabeths Über-
einstimmungen finden. Elisabeths Vater ist König geworden, und
dann hat ein Krieg begonnen. Die 13jährige wird im goldenen Käfig
von Windsor Castle »eingesperrt« und spielt vier Jahre lang eine
wichtige Rolle in der Kriegspropaganda des Königreichs. Jahrzehnte
später: Dianas Eltern haben sich getrennt und haben beide wieder
geheiratet, sie hat die Schule hinter sich gebracht und steht, 16jäh-
rig, an der Schwelle des Elternhauses – will heraus, sich selbst beweisen.

Und dann doch wieder eine bestechende Parallele: Für beide
Teenager wird ein Mann gesucht. Dem Schicksal ihrer Herkunft und
ihres Geschlechts – das in beiden Fällen auch den Verzicht auf eine
ausgiebige und experimentierfreudige Jugendphase bedeutet – können sie nicht entkommen; die brave, behütete und bereits verant-
wortungsvolle Prinzessin ebensowenig wie die stille, etwas launische und verschlossene Lady. Natürlich: Elisabeths Zukünftiger
wird vergleichsweise schon öffentlich ausgeschrieben (lange bevor
die junge Dame selbst auf diesen Gedanken gekommen wäre); Diana
denkt sich vielleicht ihren eigenen Teil dazu, während die Eltern
hoffen, durch das Abhalten von Vorführveranstaltungen einen an-
ständigen Treffer zu landen.

Die öffentliche Männersuche für Elisabeth hat zweifellos ihren
triftigen Grund. Die mutmaßlich designierte Thronfolgerin soll
zwar, so beschließen König und Regierung im Sommer 1944, *nicht*
zur Prinzessin von Wales gemacht werden – also den Titel männ-

licher Thronfolger in der weiblichen Form erhalten –, da es schließlich noch theoretisch möglich wäre, daß ein männlicher Nachkomme geboren und sie dadurch überholen würde. (Und wie peinlich wäre es, eine Prinzessin von Wales zu küren, die dann einen Bruder bekommt: Prinz von Wales, dessen Zukünftige wiederum, im Falle einer Heirat, ohne entsprechenden Titel auskommen müßte.) Kurzum: Die »wahrscheinliche Thronfolgerin« bleibt also weiterhin nur wahrscheinlich und wird nicht »heir apparent«, also offizielle Thronfolgerin. Doch nicht nur die imperiale Welt richtet sich eben doch auf eine zukünftige Königin ein. Und diese sollte, allein wegen des Debakels mit ihrem Onkel, verheiratet sein, bevor die Sache steigt.

Bei Diana ist die Angelegenheit weder ganz so dringlich noch im akuten Interesse der Linienerhaltung zu sehen – dafür gibt es schließlich Bruder Charles Spencer. So mancher junge (und auch weniger junge) Mann betrachtet aber das Mädchen nicht ohne Hintergedanken. Sie kommt aus gutem Hause und trägt einen ordentlichen Namen. Und sie wandelt sich, so bemüht ihr Bruder später eine reichlich überstrapazierte Legende, in diesen Jahren vom häßlichen Entlein zum hübschen Schwan. Das Selbstbild lautet immerhin ein wenig anders. Sie sei doch immer ziemlich pummelig gewesen, erinnert sich Diana später – schon aufgrund der vielen Süßigkeiten und Snacks, die sie häufig und gerne in sich hineingefuttert habe.

Weniger das öffentliche Interesse – hier schon überbetont, dort noch völlig unterentwickelt – aber macht den ausschlaggebenden Unterschied zwischen der jungen Elisabeth und der jungen Diana in Sachen Männersuche aus. Es ist vielmehr die Verfügbarkeit möglicher Partner. Diana ist ein Objekt der Begierde vieler – und längst nicht alle, die sich möglicherweise einmal eine Chance ausgemalt haben, sind jemals ihr oder anderen bekannt geworden. Elisabeth hingegen ist schon eher Subjekt: Auswählende. Zwar nicht unbedingt höchstselbst, zumal sie, wie erwähnt, während des Krieges künstlich naiv und auch danach für zu jung gehalten wird, um sich mit Entscheidungen solcher Tragweite zu beschäftigen. Jedenfalls engen ihre gesellschaftliche Stellung und zukünftige Rolle das Feld möglicher Bewerber so weit ein, daß wohl kaum einer der jungen Männer, die der Prinzessin dieser Tage begegnen, sich irgend etwas auszumalen braucht. Der sie freien darf, muß ein Prinz sein. Er sollte möglichst dem europäischen Hochadel entstammen, schlimmstenfalls der zweiten Reihe der britischen Aristokratie. Und nebenbei sollte er, wenn einzurichten, nicht unbedingt deutscher Abstammung sein. Vor allem letzteres erschwert die Vorauswahl allerdings beträchtlich. Der Hochadel ist seit der frühen Neuzeit eine vorwiegend deutsche Domäne geworden. Kaum jemand unter den Königen und Königinnen Europas, der nicht engste germanische Verwandtschaftslinien aufzuweisen hätte. Die mitteleuropäischen Fürstengeschlechter haben sich vor allem im 19. Jahrhundert geschickt vermengt – da ist kaum noch etwas zu machen.

Sowohl Diana als auch Elisabeth treffen ihre späteren Gatten schon sehr früh, und beide unter zunächst recht harmlosen Umständen. Diana ist auf Wochenendbesuch vom Internat in Althorp House, als ihr dort im November 1977 der Prinz von Wales vorgestellt wird. Man trifft sich zufällig und nicht sonderlich romantisch irgendwo auf einem gepflügten Acker nahe des Nobottle Wood, draußen auf den Ländereien. Offiziell ist der Prinz zum Schießen gekommen. Sein Labrador »Sandringham Harvey« begleitet ihn, das Interesse von Herr und Hund richtet sich also in erster Linie auf das Wild, das es zu erlegen gilt. Diana, in kariertem Hemd, Anorak und Gummistiefeln, darf sich insofern sicher sein, daß der hohe Besucher kaum Notiz von ihr nehmen wird. Obwohl, weniger offiziell, die königliche Visite durchaus einer Liebschaft gilt: mit Lady Sarah Spencer. Die ältere Schwester Dianas, die sich über das in *inner circles* als überraschend bewertete Ende ihrer Beziehung zum Herzog von Westminster hinwegtröstet, hat mit Charles eine Liaison begonnen, die aber, wie sie später versichert, immer streng platonisch geblieben sei. Immerhin: Neun Monate lang ist Sarah in der Gesellschaft des Thronfolgers zu beobachten. Wenn sie also behauptet, an jenem kaltgrauen Novembertag in Althorp die ersten zarten Triebe einer späteren Liebe gelegt zu haben, ist das durchaus übertrieben. Charles erinnert sich später an »eine sehr fröhliche und amüsante und attraktive 16jährige – voller Lachen«. Augen aber hat er mutmaßlich nur für Sarah gehabt, vom Jagdgut einmal abgesehen. Ob Diana mehr von diesem Jäger beeindruckt war als gemeinhin typisch angesichts eines Prinzen, ist nicht überliefert. Diana wird sich viel später – als sie darüber spricht – zum Beginn der »Beziehung des Jahrhunderts« nicht mehr positiv äußern wollen. Und Prinz Charles schweigt bis heute.

Wie zu erwarten ist auch im Falle Prinzessin Elisabeths die Überlieferung nichts besonders detailfreudig. Trotzdem ist überraschenderweise über ihre Gefühlslage ein wenig mehr bekannt – oder etwas mehr davon in die Legende eingegangen. Und dies, obwohl Elisabeth erst 13 Jahre alt ist, als sie am 22. Juli 1939 Prinz Philip von Griechenland näher kennenlernt.

Das königliche Elternpaar stattet an diesem Tag dem Royal Naval College, also der Marineakademie von Dartmouth, einen offiziellen Besuch ab. Man ist dem Anlaß angemessen mit der königlichen Yacht gekommen, der »Victoria & Albert«. Und passenderweise ist Lord Louis Mountbatten mit von der Partie – ein Enkelkind Victorias und damit Vetter des Königs. Mountbatten, in der Familie stets »Dickie« gerufen, spielt eine ebenso besondere wie eigenartige Rolle im Umfeld des britischen Königshauses. Der Sohn des 1914 aufgrund seiner deutschen Herkunft zur Seite geschobenen britischen Admirals und Seelords Prinz Louis von Battenberg (»Battenberg« wurde 1917 im Rahmen der Neuerfindung des englischen Königshauses originellerweise in »Mountbatten« übersetzt) hatte sich in jungen Jahren mit Prinz Albert in Cambridge herumgetrieben, bevor er mit dem etwas interessanteren Bruder, dem früheren Prinzen von Wales, um die Welt gereist war. Edwards tosenden Lebensstil und dessen politische Ansichten teilte Mountbatten bis kurz vor dessen Abdankung – um sich dann im Handumdrehen eines politisch Besseren zu besinnen und nun bei allerhand Gelegenheiten die Nähe des königlichen Ersatzpaares zu suchen. Er gilt als charmant, lustig, unterhaltsam und hat mit Edwina Ashley sehr reich geheiratet. Mountbatten verfolgt seine Interessen leidenschaftlich: Uniformen aller Art sowie Fragen der Marine gehören dazu. Sein Hauptinteresse gilt aber dem adligen Familiengeflecht, das ihn in ein beziehungsreiches Netz aus russischen Romanows, deutschen Habsburgern und Hohenzollern und eben »britischen« Windsors setzt. Zudem ist er eindeutig intrigant und buhlt recht unverfroren um Einfluß. Georg VI. weiß das – und geht auch in Dartmouth amüsiert zur Tagesordnung über. Königin Elisabeth meidet ihn hingegen, soweit es geht, da sie es nicht mag, wenn man sein Mäntelchen allzu offensichtlich in den Wind hängt. Der Lord ist jedenfalls dabei, und er zieht seine Schachfiguren so zufällig, daß es nicht ganz auszuschließen ist, daß er sich dabei tatsächlich nichts gedacht hat – wenn er nicht Mountbatten wäre.

Schon am Nachmittag des 22. Juli stößt ein Neffe des Lords wie zufällig zu den Besuchern: Prinz Philip, Sohn von Prinz Andrew von Griechenland und Dänemark sowie der Prinzessin Alice, einer Schwester Mountbattens. 18 Jahre alt ist der junge Mann, groß gewachsen und mit nordischen Zügen – ganz »ungriechisch« also –, was nicht weiter wundert, da auf dem griechischen Thron genaugenommen das Geschlecht derer von Schleswig-Holstein-Sonderburg-Glücksburg sitzt. Philip hat eine turbulente Jugend hinter sich. Der Vater ist eineinhalb Jahre nach seiner Geburt aus Griechenland vertrieben worden, was Philip eine traurige Kindheit in Paris einbrachte. Dort mußte er das Auseinanderbrechen des Elternhauses miterleben; danach folgte eine harte Schule bei Kurt Hahn in Salem und später – nach 1933 – bei demselben im Exil im englischen Gordonstown. Nun ist der junge, für königliche Verhältnisse geradezu mittellose Mann im ersten Jahr als Kadett auf dem Marine-College – aufgrund einer Empfehlung seines Onkels.

Das Treffen in der Kapitänsresidenz in Dartmouths College ist nicht wirklich die erste Begegnung zwischen dem Prinzen und der Prinzessin, aber die erste »von Bedeutung« – wie Zeitgenossen später behaupten werden. Ganz unschuldig kann Philip seiner Cousine zweiten Grades zunächst seine Überlegenheit beim Spiel mit einer aufziehbaren Lokomotive demonstrieren, nach Ingwerplätzchen und Limonade beeindruckt der große Vetter Elisabeth dann bei einer Partie Tennis. Am nächsten Tag wird die Sache offiziöser: Der Kadett Philip wird von der königlichen Gesellschaft zum Tee eingeladen. Crawfie behauptet in ihren Erinnerungen, Elisabeth habe nach dieser Begegnung auf fast unartige Weise von Philip geschwärmt, er habe sozusagen alle richtigen Register gezogen, was den 13jährigen Teenager anbelangt. Dem offiziellen Biographen Georgs V., Sir John Wheeler-Bennett, wird jedenfalls die Feststellung durchgelassen, Elisabeth habe sich an jenem Tage und damit gleich ein für allemal in Philip verliebt.

Was auch immer an den frühen Geschichten stimmen mag: Die Weichen sind weder für Elisabeth noch für Diana gestellt. Die eine ist noch viel zu jung, als daß aus der Verliebtheit etwas abzuleiten wäre. Die andere mag bestenfalls nach der Schießerei auf den Feldern von Althorp ins Träumen gekommen sein – irgendwelche Aussichten auf eine ernsthafte Liaison mit dem Prinzen bestehen für den 16jährigen Backfisch nicht.

Und doch existieren, im einen wie im anderen Falle, unleugbare Zusammenhänge und Wahrscheinlichkeiten. Philip ist für Elisabeth zwar zunächst »unerreichbar«, weil fünf Jahre älter, was im zarten Alter von 13 Jahren ja noch eine halbes Leben ist. Aber in seinen Adern fließt immerhin recht eindrucksvolles Blut – wenn auch, unter der Antideutsch-Bedingung, zuviel germanisches. Die Konkurrenz ist jedenfalls eher dünn, wenn überhaupt existent. Die Prinzessin ist, zumal im beginnenden Krieg, nicht gerade von minnesingenden Anwärtern umgeben; die bringen sich gerade auf den Schlachtfeldern des Zweiten Weltkriegs gegenseitig um oder verlieren, nach und nach, die noch zu besteigenden Throne.

Und Prinz Charles? Der spätere Sohn Elisabeths umgibt sich zwar schon früh mit allerlei hübschen und heiratsfähigen Frauen, aber die zukünftige Mutter seiner Kinder hat er offenbar noch nicht ausgemacht. Es gibt viele, die mit Seiner Königlichen Hoheit eine Affäre anfangen dürfen; heiraten wollen und können die meisten ihn nicht. Es gibt da gewisse Vorbedingungen, gesetzlich und traditionell. Protestantisch muß die Auserwählte sein, nach den Richtlinien der »Acts of Settlement« von 1701. Aus gutem Haus sollte sie sein, also adlig. Vor allem aber, und da scheitert so manche, stellen ihm die archaischen Richtlinien eine hohe Hürde auf. Charles muß eine Jungfrau freien, eine »Unberührte«.

Diana hat Freunde und Verehrer. Sie ist schließlich nicht unattraktiv. Der Babyspeck schwindet. Sie ist kein Schulmädchen mehr. Und manchem erscheint sie wie ein gütiger Engel: Für William van Straubenzee, einen Exfreund von Sarah, macht sie die Wäsche; für Rory Scott, der in der Fernsehserie »Trooping of the Colors« aufgetreten ist, bügelt sie die Oberhemden. Diana wird in Begleitung so manches Junggesellen aus der Oberklasse gesehen: James Boughey, Simon Berry, Adam Russell – Namen, die auch in ihrem späteren Leben wieder und wieder auftauchen werden. Geliebt wird sie von allen, aber »ran« läßt sie keinen. »Ich wußte, daß ich mich rein zu halten hatte für das, was vor mir lag«, umschreibt sie ihre Haltung ein paar Jahre später etwas blumig auf den prekären Tonbändern, die sie für Andrew Mortons Biographie bespricht. Ihre Schulfreundin Carolyn Bartholomew erzählt Morton, daß ihr Diana damals vorgekommen sei, wie »von einer goldenen Aura umgeben«, die die jungen Männer irgendwie davon abgehalten hätte, »weiter zu gehen.« Diana bleibt also Jungfrau. Das ist erstaunlich, selbst für ihre streng konservative Klasse, erst recht für die Zeit der Sechziger, als nach Elvis vor allem die Beatles und Rolling Stones deutliche Anweisungen lieferten. Die Vermutung, Diana habe die »Option Windsor« zumindest im Hinterkopf gehabt, ist nicht völlig aus der Welt zu weisen. Das »Aufheben für den Richtigen« hätte dann einen, wenn auch aus damaliger Sicht etwas unwahrscheinlichen, Grund gehabt.

Aber noch ist es nicht soweit. Während für Elisabeth die durch den Krieg künstlich verlängerte Kindheit weitergeht, möchte Diana nach der Schule am liebsten nach London. Johnnie Spencer ist nicht glücklich über das Begehren seiner jungen Tochter, sich in die Metropole an der Themse stürzen zu wollen. Diana ist in seinen Augen nicht nur sehr jung, sondern wohl auch ein wenig naiv. Für drei Monate wird sie auf ein Nebengleis geschoben: Als Kindermädchen achtet sie bei Freunden der Familie, Philippa und Jeremy Whitaker, auf deren kleine Tochter Alexandra, kocht und putzt. Das Leben in der kleinen Ortschaft Headley Bordon in Hampshire kann als Ersatz für die gewünschte Aufregung von London allerdings nicht lange herhalten, und so wird ein Kompromiß ausgehandelt. Diana darf einstweilen in der Wohnung ihrer Mutter am Cadogan Place leben. Weil Frances Shand Kydd sich ohnehin überwiegend in Schottland aufhält, kommt dies den Vorstellungen der 17jährigen schon recht nahe. Für ein Jahr teilt sie die noble Wohnlage mit Laura Greig, einer alten Schulfreundin, und Sophie Kimball, einer weiteren höheren Tochter. Das *uptown girl* ist angekommen.

Elisabeth hat als Teenager Ende der Dreißiger und Anfang der Vierziger zuallererst ihre vaterländische Pflicht zu erfüllen. Der Prinzessin kommt eine nicht zu unterschätzende Rolle in der Kriegspropaganda der Briten zu – genauer gesagt: eine Doppelrolle. Mal wird sie in aufopferungsvoller Pose gezeigt, einsam und von ihren Eltern getrennt, aber stolz wie das übrige Land, wie die ganze Nation die Last des Krieges tragend. Mal geht es der Regierung eher um plakative Gelassenheit. Die Familie wird in idyllischer Umgebung fotografiert, als könne der Krieg und Nazi-Deutschland dem britischen Weltreich ohnehin nichts anhaben. Im Oktober 1940 hört das *Empire* das erste Mal die Stimme der Prinzessin – im Radio, später sogar auf Schallplatten.

Auch diese Premiere ist der Kriegslage zu verdanken. Großbritannien bemüht sich um eine engere Beziehung zu Amerika; auf beiden Seiten des Atlantiks sind die Regierungen damit beschäftigt, die öffentliche Meinung in den USA insoweit zu verändern, als daß die aufstrebende westliche Großmacht freie Hand gewinnen kann, in den sich über Europa ausbreitenden Krieg einzugreifen – und vor allem den Briten, dem letzten Vorposten der Freiheit in Westeuropa, bei der Bekämpfung der Faschisten zu helfen. Die Idee eines Auftritts der britischen Prinzessin in einer Kindersendung kommt das erste Mal bereits 1938 auf, wird aber damals abgelehnt. 1940 müssen die Bedenken der Höflinge in den Hintergrund treten. Elisabeth wird »ausgeliehen«, mit einer Sonderausstrahlung eine Sendereihe mit dem Titel »Kinder in Kriegszeiten« zu eröffnen, die überall in der freien Welt den wichtigen Beitrag unterstreichen soll, den der Nachwuchs für den Freiheitskampf leisten kann. Der Generaldirektor der BBC, Frederick Ogilvie, erklärt den königlichen Eltern unumwunden, daß die Hauptzielgruppe des Radio-Debüts der Prinzessin die Erwachsenen seien. Man will die öffentliche Meinung herumreißen.

Der Inhalt der mit Fistelstimme vorgetragenen, bedachtvoll vorformulierten Rede ist vergleichsweise pathetisch. Der Prinzessin ist aufgetragen, von ihren eigenen »Erfahrungen« zu berichten: Daß sie mitfühlen könne mit all denen, die von ihren Eltern getrennt leben müßten, gegebenenfalls gar ihre Heimat verlassen hätten. »Wir wissen, jeder von uns, daß am Ende alles gut ausgehen wird«, macht die Prinzessin der Zuhörerschaft Mut. Der Privatsekretär des Premierministers und spätere Assistent der Queen, Jock Colville, erinnert sich Jahre später daran, von der kitschigen Gefühlsduselei recht angewidert gewesen zu sein. Was eine Erfolgsgarantie gewesen sein dürfte: In den USA werden Radiosender von Anrufen überschwemmt, die eine Wiederholung der Sendung verlangen; die Schallplatte mit der Stimme der Prinzessin wird bestens verkauft.

Auch der Historiker Ben Pimlott unterstreicht, daß die monarchische Familie in diesen Zeiten eine wichtige Rolle für Großbritannien spielt. In einem Krieg, der auf der Insel weitaus stärker als der erste große dieses Jahrhunderts zu einer Herausforderung wird, steht die Struktur, das Gewebe des Gemeinwesens unter größerer Belastung als je zuvor in der Neuzeit. Familien werden auseinandergerissen, Wohnungen zerstört, der Tod von Soldaten an einer fernen Front wird zur alltäglichen Nachricht. Mit der »Familie der Familien« aber besitzen die Briten einen Haltepunkt in ihrem strapazierten Imperium, eine Gewißheit, aus der Beruhigung und Zuversicht kommt. Georg VI. gewinnt im Zweiten Weltkrieg so an Statur, wie es wohl niemand vom Ersatzmann der 36er Krise erwartet hätte. Seine Frau Elisabeth eröffnet sich die Herzen ihrer Untertanen, weil sie jedem, mit dem sie spricht, das Gefühl gibt, »als wäre er genau die eine Person, mit der sie gerade sprechen wollte«, wie Pimlott schreibt. Die Rolle der beiden Töchter ist es, fröhlich und zuversichtlich, aber nicht affektiert zu wirken. Selbst für ihre persönlichen Begleiter dieser Jahre wird die Propaganda-Rolle der Mädchen ununterscheidbar von dem Bild, das die beiden im Alltag bieten. In der prächtigen, aber kühlen Palastwirklichkeit versperren die Formalismen selbst denen einen Zugang zur Gefühlswelt der Mädchen, die fast tagtäglich mit ihnen zu tun haben. Der Eindruck ist der eines bescheidenen und zurückhaltenden Glücks. Elisabeth scherzt mit den Soldaten, sie kümmert sich um ihre Pferde und die Reiterei, spielt mit den Hunden und gibt sich fröhlich, wenngleich recht schweigsam in Gegenwart ihrer Mutter. Ob mehr dahintersteckt, was nicht nach außen dringt? Es ist nicht zu erkennen – und wird, genaugenommen, immer schwieriger zu erkennen sein.

Was ihr Gefühlsleben anbelangt, ist Diana dagegen ein vergleichsweise offenes Buch. Ein enger Freund jener Zeit beschreibt sie als »ausgelassen und fröhlich, ohne sich gehenzulassen«. Im Kreis ihrer alten Schulfreundinnen und eines wachsenden Anhangs männlicher Verehrer entsprechender Herkunft zeigt sie sich als Gesellschafterin der angenehmsten Art. Sie ist nicht aufdringlich, stört niemanden in seinen Gedanken und läßt ihrerseits die Dinge nicht allzusehr an sich heran. Die Oberfläche glänzt, und darauf kommt es an in der standesbewußten Clique der *Sloanes*. Hinter der Fassade sieht es allerdings eher mager aus mit dem emotionalen Gleichgewicht.

Diana geht in der Großstadt London nicht auf, sie macht vom Angebot der Metropole eher ungenügend Gebrauch – für ihr Alter zumindest. Eine »Disco-Diana« wird es nie geben; eher verbringt die junge Frau ihre Freizeit alleine vor dem Fernseher und guckt *Soap Operas.* »Sie war unsicher, wo sie hätte selbstbewußt sein sollen«, heißt es bei Andrew Morton. Und die Unsicherheit wächst.

Bei Elisabeth ist das anders. Was der Prinz von der Marineakademie in Dartmouth in ihr ausgelöst hat, mag zum Ausprobieren einladen. Mit den Soldaten des kleinen Wachregiments, das die Familie schützen und im Falle eines deutschen Angriffs außer Gefahr bringen soll, übt die Prinzessin das distinguiert-distanzierte Flirten. An ernsthafteren Aspiranten hat man am Hof einzig den Sohn des Herzogs von Grafton ausgemacht, Hugh Euston. Er gilt zeitweise sogar als Favorit der Prinzessin und scheint von der jungen Frau auch angetan zu sein. Allein, die Aussicht darauf, einst als »Queen's Consort«, als machtloser Begleiter der Monarchin zu enden, kommt dem jungen Euston wahrscheinlich eher erschreckend vor. Auf ihn wartet eine Karriere als reicher Landadliger. Warum soll er nach Höherem streben, wenn das mit der Aufgabe eines angenehmen Lebensstils verbunden wäre? Man bleibt freundschaftlich verbunden.

Aber Elisabeth scheint ohnehin schon sicher zu sein. Im September 1942 schreibt die 16jährige an ihre Gouvernante, sie habe sich mit Freundinnen über Philip unterhalten und schlußfolgert: »Er ist es.« Passenderweise hat der Erwählte und mittlerweile zum britischen Marineleutnant beförderte Prinz von Griechenland nach einer unruhigen Zeit im Mittelmeer nun einen etwas geruhsameren (aber wegen der U-Boot-Angriffe nicht ungefährlichen) Job als Erster Leutnant des Zerstörers »Wallace« übernommen, der Frachtschiff-Konvoys vom Atlantik in die Themsemündung lotst. Bei Landgängen residiert er bei seiner Cousine Prinzessin Marina in Iver, Buckinghamshire, einen Katzensprung von Windsor. Sein Name taucht häufiger im Besucherbuch des Schlosses auf – ganz unschuldig. Offiziell ist er nur zu Weihnachten 1943 und beim anschließenden Neujahrsfest Gast der Familie Elisabeths. Margaret erinnert sich später, daß man bis in die tiefe Nacht hinein gelacht und getanzt habe. Eine höfische Romanze ist dabei, sich zu entfalten. Eine Romanze allerdings, die – wie sollte es anders sein – sowohl gut vorbereitet als auch von mißtrauischen Blicken begleitet wird, und so ohne weiteres noch lange nicht am Ziel ist. Von der möglichen Verbindung des griechischen Prinzen und der britischen Thronfolgerin hat mancher schon seit 1941 gewußt. Vor allem der griechische Hof ist über die Aussicht auf eine entsprechende Ehe mehr als begeistert. Die griechische Monarchie steckt in argen Schwierigkeiten, seit die erfolglosen Vaterlandsverteidiger die Flucht vor den Deutschen ergreifen mußten. Eine prestigeträchtige Hochzeit käme gelegen, und sei es nur, um den Alterssitz abzusichern. Auch Lord Louis Mountbatten, der als einer der Vorgesetzten des Prinzen im Mittelmeer in der Royal Navy dient, hält die Idee inzwischen für ernsthaft verfolgenswert, schon um sein eigenes »Standing« am Hof zu verbessern. Im Umkreis des Königs, soweit von den Athener Ambitionen unterrichtet, ist man indes weniger angetan. Die deutschen Verbindungen des Prinzen kommen den unglücklicherweise ebenfalls deutschstämmigen Windsors ungelegen, der finanzielle Status seiner weitgehend verarmten Familie erst recht, und die politischen Ambitionen der rechtslastigen griechischen Monarchisten stellen eine ernsthafte politische Hürde dar. Elisabeth bleibt von alledem unbeeindruckt, da sie sehr wahrscheinlich auch gar nichts von der Intrigenwirtschaft mitbekommt. Die Prinzessin lebt weiterhin in einer für sie geschaffenen eigenen Welt.

Von ihrem Sohn Charles muß man ein Vierteljahrhundert später wohl ähnliches behaupten. Der Prinz von Wales, 1948 geboren, findet sich in seinen späten Zwanzigern in einer paradoxen Situation: Weil er Thronfolger ist, liegt ihm das Königreich materiell und von der Aufmerksamkeit her zu Füßen; er ist mit seinem Leben eigentlich recht zufrieden, das – ganz in der Tradition der Prinzen von Wales – in weiten Teilen einem endlosen Aktiv-Urlaub gleicht. Der Prinz geht schießen und jagen, er malt Aquarelle, spielt Polo (eine aussterbende Gattung des Hockeys auf Pferden) und beschäftigt sich damit, Gesellschaft zu halten. Er hat Freundinnen, nicht ungezählte, aber doch genug. Und er schätzt das Leben als Junggeselle offenbar, weil es ihm als die angenehmste Form der Verantwortungslosigkeit alle Freiheiten läßt, die man als Thronfolger haben kann. Aber es gibt eben auch Zwänge. Eine ernsthafte politische oder wirtschaftliche Tätigkeit ist ihm nicht erlaubt, aus dem schlichten Grund, daß er ja im Falle des mütterlichen Todes umgehend die Position des

Königs einzunehmen hätte. Und es wird von ihm erwartet, eben nicht Junggeselle zu bleiben. Der Prinz von Wales hat nicht nur Pflicht, nach seiner Mutter König zu werden. Er muß auch einen eigenen Thronfolger zeugen, bestenfalls wie immer einen Sohn. Kurzum: Prinz Charles ist auf der Suche nach einer Braut. Genauer gesagt: er und der Hof und die Freunde ebenso. Das »Vetting« ist in vollem Gange. Die meisten jungen Frauen sind gewarnt.

Dianas Schwester Sarah hat sich selbst aus der Schußlinie gebracht. Einem Reporter erklärt sie, sie liebe Charles nicht wie einen zukünftigen Mann, sondern eher wie einen großen Bruder. Die dazugehörigen Zeitungsschlagzeilen beenden auch diese geschwisterliche Liebe. Es wird nicht gerne gesehen, wenn an dem Ruf des Prinzen als guter Liebhaber gekratzt wird.

1976 wird Charles mit Davina Sheffield in Verbindung gebracht.

»Die angenehmste Form der Verantwortungslosigkeit«, eingebettet in einem »endlosen Aktiv-Urlaub«: Charles im August 1972 nach einem Polospiel: Da ist Diana gerade elf geworden.

Sie hat mit Flüchtlingen in Vietnam gearbeitet und kehrt ins Königreich zurück, als ihre Mutter dort ermordet wird. Charles ist in Davina verliebt, aber sie fällt durch die »Vetting«-Prozeduren. Davina hat nämlich »Erfahrung«. Frühere Männer outen sich in der Presse. Die zukünftige Prinzessin muß eine Jungfrau sein. Aus.

Als im Winter 1979 Diana ihre erste persönliche Einladung zu einem Jagdwochenende in königlicher Gesellschaft auf Sandringham erhält, heißt die momentane Favoritin des Prinzen Lady Amanda Knatchbull. Die Dame mit dem unglücklichen Namen ist eine Enkelin von Lord Louis Mountbatten, jenem Eheanbahner, engen Freund des königlichen Hauses und später auch väterlichen Beraters von Charles, den wir schon 1939 aus Dartmouth kennen. Auf Lady Amanda werden schon Wetten abgeschlossen: Das Jahr 1979 über ist Charles oft in Broadlands gewesen, dem nahe Southhampton gelegenen Sitz der Mountbattens, die Beziehung hat sich vertieft, und mutmaßlich hat der alte Lord auch seine sonstigen Vertrauten am Hof entsprechend auf Kurs gebracht. Ein Bombenattentat auf Mountbattens Segelyacht vor der Küste Irlands bringt die beiden noch näher zusammen. Gegenseitig helfen sie sich über den Verlust des Großvaters und Freundes hinweg.

Diana ist ebenfalls mit Amanda Knatchbull befreundet. Zu besagtem Jagdwochenende, mit dem die jüngste Lady Spencer das erste Mal als Erwachsene in die königliche Gesellschaft geladen wird, holt Amanda sie in King's Lynn vom Bahnhof ab. Die Einladung hat in Dianas Freundeskreis gewisse Aufregung produziert, nicht zuletzt, weil die Suche nach der zukünftigen Prinzessin von Wales inzwischen zu einer landesweiten Freizeitbeschäftigung geworden ist. In ihrer Wohnung am Cadogan Place werden spöttische Bemerkungen gemacht, die Diana eilig abwimmelt. Aufgeregt aber, so behauptet Andrew Morton, ist Diana zu diesem Zeitpunkt eher aufgrund ihres Debüts in der großen Gesellschaft denn aufgrund der Begegnung mit dem beeindruckenden Thronerben. Daß der sie schon zu seinem 30. Geburtstag eingeladen hatte, im November 1978, hatte sie noch auf Sarahs Verbindung schieben können. Nach Sandringham aber kommt sie auf eigene Rechnung. Das Entree ist ihr wichtig. Diana ist ohne ernstzunehmende Qualifikationen aus der Schulzeit gekommen. Es bedarf eines Mannes, um anständig durch das Leben zu kommen. Soviel ist sicher.

Elisabeth denkt etwa 40 Jahre vorher genau umgekehrt, notwendigerweise. Sie braucht nicht »eingeführt« zu werden. Was sie beklagt, ist genau das nicht tun zu dürfen, »was andere Mädchen tun«. Und sie darf erst ein wenig damit anfangen, als die Gefahren des Krieges abnehmen. Windsor ist nie getroffen worden, der Buckingham-Palast dafür gleich zweimal. Die Bomben-Erfahrung, die ihre Eltern machen mußten (bei einem Bombenangriff auf den Palast detonierten zwei Sprengkörper kaum 80 Meter von dem Zimmer entfernt, in dem sich das Paar gerade aufhielt), hat die Risikobereitschaft des Königs nicht gerade größer werden lassen. Elisabeth ist fast 19 Jahre alt, als er ihr endlich erlaubt, einen »Kriegsdienst« zu leisten: als Mitglied des »Auxiliary Territorial Service« (ATS), der Hilfsbürgerwehr. Am 23. März 1945, der Krieg in Westeuropa wird noch gerade sechs Wochen dauern, tritt Nr. 230873, Second Subaltern Elisabeth Alexandra Mary Windsor, ihren Dienst beim Kader-Kursus für Lkw-Fahrerinnen an. Um ihre erste Begegnung mit Menschen aus der wirklichen Welt etwas abzufangen, hat sie vor dem Kurs in Windsor ein paar Fahrstunden erhalten; nun soll sie auch noch lernen, wie an den Lkws Öl und Bremsflüssigkeit zu wechseln sind.

Ein Realitätsschock wird es wieder nicht. Auch wenn Elisabeth sich immerhin tief beeindruckt zeigt von den elf anderen Frauen, die ausgewählt worden sind als Kursbegleitung für Ihre Königliche Hoheit, auch wenn sie in der Tat das erste Mal in ihrem Leben einen Schraubenschlüssel und eine Ölkanne in der Hand hält – die Wirklichkeit lernt sie wieder nicht kennen. Statt in der Schule zu schlafen, wird sie allabendlich nach Windsor zurückgefahren; statt mit den gleichrangigen Kursteilnehmerinnen zu essen, wird sie von den Offizieren in die Führungsmesse geleitet. Selbst die Sitzordnung gehorcht dem Palastprotokoll: Elisabeth sitzt im Klassenraum in der ersten Reihe, rechts und links von Ehren-Sergeanten flankiert.

Schließlich bekommt die Presse Wind von der Sache. In den Zeitungen ist von nun an minutiös nachzulesen, was die Kursgruppe tagtäglich an Aufgaben zu absolvieren hat. Nachdem die Katze aus dem Sack ist, zeigt sich die (amüsierte) Familie interessiert. Zunächst kommt die Tante Elisabeths zur Inspektion, des Königs Schwester; am 9. April schließlich auch der König, die Königin und Prinzessin Margaret. Die Thronfolgerin steht – seltene Gelegenheit – auf der anderen Seite einer Inspektion und muß ihrer Schwester die blankgeputzten Uniformknöpfe präsentieren. Margaret, neidisch, hat prompt etwas zu meckern.

Elisabeth wird später immer wieder voller Stolz und mit großem Eifer von ihrer ATS-Zeit sprechen. Es wird, am Ende, ihre letzte Gelegenheit gewesen sein, zumindest ein Stück weit mit ihren zukünftigen Untertanen auf vergleichsweise normale Art und Weise zusammenzukommen. Die ATS-Zeit, zu deren Ende hin Elisabeth, welch Wunder, zum »Junior Commander« befördert wird, markiert ebenfalls das Ende des Krieges. Am 8. Mai trägt die Prinzessin noch einmal ihre khakibraune Uniform wie ein Aushängeschild in der Öffentlichkeit, als sich die königliche Familie zur spontanen Siegesfeier auf dem Balkon des Palastes zeigt. Den Königskindern gelingt an diesem Abend ein seltener und nie wiederholter Coup. Weil sie seit Jahren nicht oder nur selten in der Öffentlichkeit zu sehen gewesen sind, schaffen sie es, im Kreise der jüngeren Gardeoffiziere aus Buckingham Palace auszubüxen und sich zwischen die Feiernden zu mischen, ohne erkannt zu werden. Ausgelassen feiern die Mädchen nicht nur das Ende des Gemetzels in Europa, sondern – unbewußt – auch das Ende ihrer Kindheit. Am 15. August kapituliert der Feind auch im Pazifik. Am 2. September begleitet der britische Zerstörer »Whelp« die »USS Missouri« in den Hafen von Tokio, wo Japan die Kapitulationsurkunde unterzeichnen wird. Der Erste Leutnant an Bord ist Philip von Griechenland, der in seinem Gepäck ein gerahmtes Bild der Prinzessin Elisabeth mit sich führt. Drei Monate später stirbt Klara »Alla« Knight, das Kindermädchen der Prinzessinnen, in Sandringham.

Anfang des Jahres 1980 hat Amanda Knatchbull dem brautsuchenden Charles endgültig klargemacht, daß an eine Heirat nicht zu denken ist. Einen nicht zu unterschätzenden Beitrag zu dieser Entscheidung mag er selbst geleistet haben, indem er sich einige Wochen lang weniger um die teure Amanda als vielmehr um eine gewisse Anna Wallace gekümmert hat, die Tochter eines schottischen Großgrundbesitzers. Im November des Vorjahres hat er die impulsive, als »wild« geltende Frau auf einer Fuchsjagd kennengelernt. Seine Freunde haben zwar schnell mit der Begründung abgewunken, sie passe nicht zu ihm, aber Charles ist von der jungen Frau und vielleicht auch von ihrem Spitznamen fasziniert: »Whiplash Wallace« – Peitschen-Wallace. Er macht Anna den Hof und – angeblich – auch einen Heiratsantrag, doch auch sie soll ihn in dieser Hinsicht abgewiesen haben. Die anspruchsvolle und selbstbewußte Dame ist offenbar darüber im Bilde, daß der Prinz daran gewöhnt ist, daß sich seine Umwelt inklusive der weiblichen Begleitung auf seine Bedürfnisse einstellt. Das Ende der Romanze gestaltet der Prinz in Form einer öffentlichen Demütigung der nunmehrigen Exkandidatin. Auf einem Ball auf Windsor Castle anläßlich des 80. Geburtstages der Königinmutter ignoriert er Anna demonstrativ. Sie beschwert sich wortreich und sichtlich erregt. Ein paar Wochen später, auf einem Polo-Ball in Stowell Park, dem Anwesen von Lord und Lady Vestey, wiederholt sich die Szene. Charles ist so mit einer anderen Frau beschäftigt, daß er noch nicht einmal der Gastgeberin, sozusagen der Ordnung halber, einen Tanz anbietet. Anna Wallace flieht förmlich mit geliehenem Wagen (und in eine andere Heirat, keine sechs Wochen später). Die andere ist diesmal keine neue Eroberung, sondern eine alte Freundin des Prinzen. Sie ist zwar verheiratet, aber trotzdem so häufig in Begleitung des Prinzen zu sehen, daß manche eine intimere Beziehung wittern. Ihr Name ist Camilla Parker-Bowles.

Angeblich, so wird es später jeder behaupten, heckt jene auch den Plan aus, der die nächste Dame auf den Laufsteg der Heiratskandidatinnen schicken soll. Es mag aus heutiger Sicht naheliegen, daß sie tatsächlich daran beteiligt gewesen ist. Eine andere Schützenhilfe, die beispielsweise die Kolumnistin Julie Burchill ins Feld führt, ist hingegen eher unwahrscheinlich: Ruth Fermoy, die Bettkammerdame der Königinmutter, Verräterin ihrer Tochter Frances, Großmutter Dianas.

Die nächste Kandidatin heißt jedenfalls Diana. Im Juli 1980 wird sie von einem ihrer jugendlichen Freunde, Philip de Pass, eingeladen, das Wochenende im Hause seiner Eltern zu verbringen, des Commanders Robert de Pass, eines langjährigen Intimus des Herzogs von Edinburgh, und seiner Frau Philippa, einer Hofdame (»Lady-in-Waiting«) der Königin. Philip hält sich mit der Begründung für die Einladung keineswegs zurück. Der Prinz von Wales sei zu Gast, und er bedürfe »jungen Blutes« in weiblicher Form: »Du könntest ihn amüsieren.«

Diana sagt zu und reist nach Petworth, einem kleinen Ort in West Sussex. Am Nachmittag begleitet die kleine Gesellschaft den hochadligen Gast zum Polo-Spiel im nahen Cowdray Park, um sich gegen

Abend zum Barbecue auf das Anwesen zurückzuziehen. Das Ereignis ist im Country-Stil inszeniert; Diana findet sich, ganz die gewünschte Grill-Beilage, auf einem Strohballen neben dem Thronfolger wieder. Nicht einmal später, in frostigeren Zeiten, deutet sie an, daß ihr diese Kuppelei unangenehm gewesen sei. Ganz im Gegenteil: Sie hätte sofort eine ganz persönliche Verbindung zu Charles aufnehmen können, eine »tiefe Saite angeschlagen«, wie Andrew Morton das in seiner unverwechselbar blumigen Art beschreibt. Diana versichert dem Thronfolger, sehr berührt gewesen zu sein von dem Bild, das er bei der Beerdigung des ermordeten Lord Mountbatten abgegeben hätte: »Es war das tragischste, was ich je gesehen habe«, will sie dem Heuballennachbarn zugeflüstert haben, »mein Herz hat geblutet für Sie. Ich dachte: Das ist falsch, Sie sind so allein, Sie sollten mit jemandem zusammensein, der sich um Sie kümmert.« Dem Prinzen, just solo, müssen die Augen übergegangen sein bei so viel einfühlsamer Nachspeise. Man redet und redet bis spät in den Abend. Eigentlich möchte er seinen jungen weiblichen Fan gleich mitnehmen nach Buckingham Palace, was Diana aber, gute englische Schule, aus Höflichkeit gegenüber den Gastgebern ablehnt.

Später, als der klebrige Zuckerguß der (angeblichen) Verliebtheit aus der Beziehung und aus den Gazetten verschwunden sein wird, wird es immer wieder heißen, Diana sei an diesem Wochenende »gelockt« worden – dem Prinzen zum Fraße vorgeworfen, wie ein Christ im römischen Kolosseum den Löwen. Das gehört, sozusagen, zur Legende der Diana dazu: Es macht sie zum Opfer einer Verschwörung – von vornherein.

Die *conspiracy* aber gehört zu jenem Spiel, das man Monarchie zu nennen pflegt. Zu den allgemein anerkannten *rules of the game* gehört das Prinzip der Vererbung von Einfluß, Macht, Position und Titel. Wer mitspielen will, und wer gar um größere Brocken buhlt, muß mit sich spielen lassen. Die meisten wissen das in dieser aristokratischen Gesellschaft, die dem Rest der Welt deshalb unwirklich, unaufgeklärt und unmenschlich vorkommt. Im Mittelalter, aus dem die Spielregeln überwiegend stammen, war die Sache noch nicht so kompliziert, weil nicht von der Idee des authentischen Gefühls und dem Konzept des individuellen Glücks belastet. Männer und Frauen wurden verheiratet, um Dynastien zu schaffen, politische Bündnisse zu untermauern, strategische Vorteile zu gewinnen. Kinder wurden gezeugt um der Fortpflanzung des Familiennamens willen, möglichst gleich mehrfach – und nicht selten im Rahmen einer gewissermaßen dynastisch begründeten Dauervergewaltigung der beteiligten Frau. Elisabeth I. – Namensgeberin des Elisabethanischen Zeitalters im 16. Jahrhundert, eine Hochzeit der englischen Künste, der Literatur, des Shakespeare-Theaters und der Musik – hat nie geheiratet; vielleicht, weil sie sich gegen die Funktionalisierung des weiblichen Körpers instinktiv gewehrt hat. Die politischen Berater um sie herum jedenfalls haben immer wieder um die Zeugung eines Thronfolgers gebeten. Erfolglos.

Im 20. Jahrhundert sind in der westlichen Welt rein politische Hochzeiten nicht mehr opportun; das ist selbst den notorischsten Chauvinisten der aristokratischen Klasse geläufig. Die zur Vorbereitung der gewünschten Ergebnisse nunmehr anerkannte Romanze ist deshalb aber noch lange nicht zum Ausgangspunkt dynastischer Dynamik geworden. Denn die Romanze kann durchaus eine Folge der Intrige sein. Frauen werden für Männer ausgesucht; Männer für Frauen. Das Herzklopfen läßt sich inszenieren.

Nur die Erfolgsgewißheit gibt es nicht mehr. Elisabeth ist so ein Fall. Die Intrige am Hof spricht gegen den von ihr zum Favoriten erklärten Ersten Leutnant. Die Intriganten wollen keinen armseligen Griechen mit deutschem Blut. Unermüdlich und möglichst unauffällig zugleich werden der Prinzessin Alternativen vorgestellt. Im Hintergrund, von der jungen Frau im goldenen Käfig unbemerkt, ist ein wahrer Krieg ausgebrochen; eine Schlacht der Worte, Gesten, Spitzen. Wer hier kämpft, ist Lord Louis Mountbatten, sein Gegner ist der Apparat der Höflinge.

Zum Ende des Krieges sind die Ambitionen des griechischen Prinzen offenkundig geworden. Der Weihnachtsbesuch 1943 hat die Spekulationen angefacht, im April 1944, so weiß der schreibende Aristokrat Chips Cannon zu berichten, wird über die Liaison schon in Gegenwart des königlichen Paares gemutmaßt. Der Prinz selbst hat sich gleichzeitig einmal an ganz anderer Stelle nach den Perspektiven erkundigt: bei seinem Onkel, König Georg von Griechenland. Mit der möglichen Braut führt er seitdem einen spärlichen Briefwechsel, über dessen Inhalt aber nie etwas bekannt wird. Immerhin: Auf Elisabeths Nachttisch ist der junge Offizier gerahmt zu bewundern. Sie versucht sich – so erklärt es sich die allseits wachsame (und brennend auf romantische Nachrichten hoffende) Crawfie – dem Bild anderer junger Frauen anzupassen, die auch irgendeinen Favoriten an der Front haben.

Lord Louis Mountbatten ist schon im August 1944 voll in die Moderation eingestiegen, zunächst mit einem mysteriösen Kurzbesuch in Ägypten, wo sich zu jener Zeit zufällig Philip und gleichzeitig der griechische König aufhalten. Thema der Besprechung: Philip soll britischer Staatsbürger werden, angeblich, so brüstet sich Mountbatten, auf Drängen des englischen Königs, der in dem jungen Offizier einen »zusätzlichen Wertposten für die Britische Königliche Familie« erkenne. Der eigentliche Grund dürfte durchaus battenbergisches Eigeninteresse sein: Mit einer britischen Staatsbürgerschaft für Philip, so hofft wohl der Lord, wäre die schwerwiegendste Hürde beiseite geräumt.

Es ist, wie sich zeigen wird, nur eine erste Hürde, und eine hartnäckige überdies. Erst sechs Monate später wird der Palast in London eine halbherzige Initiative in Richtung Innenministerium starten; eine erste Anfrage hinsichtlich der Naturalisierung des Griechen Prinz Philip, der kein Wort Griechisch kann und Erster Leutnant in der »Marine Seiner Majestät« ist. Es wird immer deutlicher, daß es neben der politischen Magenverstimmung, die der Fall der vorsichtig lavierenden britischen Regierung bereitet, auch Unwohlsein im Palast gibt. Der zur Einbürgerung (und anschließenden Vermählung mit der Thronfolgerin) anstehende Mann, so ein Courtier der damaligen Stunde, habe in den entsprechenden Kreisen »nicht als Gentleman« gegolten. Was schmerzt, ist weniger das stehende Gerücht, Philip befände sich immer in bester, vor allem weiblicher Gesellschaft und habe einen gewissen Hang zu leichtfertigen Vergnügungen mit denselben. Was schmerzt, ist, daß der Mann mit dem »deutschen Gesicht« einen eigenen Kopf hat, laut ist, oft undiplomatisch, ein Modernisierer überdies. Philip hat nicht die Schule von Eton besucht und demnach keine Freunde an höheren Orten. Prinz Philip ist ein Außenseiter am Hof von London. Nur eine will ihn: die Prinzessin. Ausnahmsweise soll das einmal reichen.

Die Zeit der Romanzen ist kurz bemessen. Für Diana werden acht Monate vergehen zwischen dem Heuballen-Ereignis und dem Anfragen des Prinzen, ob sie ihn denn auch heiraten würde. Für Elisabeth stehen zwischen der Rückkehr Philips aus dem pazifischen Krieg und der öffentlichen Erklärung der Heiratsabsicht immerhin 15 Monate, von denen sie aber gut vier auf einer Reise nach Südafrika verbringt. In beiden Fällen steht dem näheren Kennenlernen ein strikter Terminplan im Wege, zudem eine förmliche Atmosphäre. Bis zur Heirat spricht Diana ihren geliebten Charles mit »Sir« an. Es ist auch ganz selbstverständlich, daß *er* jegliche Treffen terminiert und die Ausgestaltung übernimmt. Ein spontaner Besuch der jungen Dame in den Gemächern des jungen Herrn? Keine Chance! Und Philip? Seit dem 14. November 1946 ist er nicht mehr die »Königliche Hoheit« und der Prinz von Griechenland, sondern der gewissermaßen bürgerliche Leutnant Philip Mountbatten (die Ehrenbezeichnung »Königliche Hoheit« ist ihm angeboten worden, aber er hat sie, ganz stilsicher, abgelehnt). Natürlich darf er bei allerhand Anlässen im Palast dabeisein, doch ein Tête-à-tête mit der Prinzessin ist selbstverständlich ausgeschlossen. Crawfie behauptet immerhin, niemand habe mit Elisabeth so frei heraus umgehen und reden dürfen wie Philip. Doch der Mann weiß natürlich, wie man sich zu benehmen hat – allen Vorbehalten der Palastritter zum Trotz. Seinen Spaß hat Philip in der Freizeit. Und nach Beobachtungen seiner Cousine Marina verbringt er diese nur selten alleine. Ob Elisabeth zu diesem Zeitpunkt davon weiß, ist nicht überliefert – und vielleicht auch nicht entscheidend. Bemerkenswerter scheint zum Schluß des Vergleichs der Romanzen Elisabeth–Philip und Diana–Charles etwas anderes zu sein: Elisabeth *hat* gewählt, Diana *wurde* gewählt. Und dies allein mit den unterschiedlichen Ausgangsbedingungen – Prinzessin versus einfache Lady – erklären zu wollen, greift vermutlich zu kurz: Elisabeth hat sich mit ihrem Wunschkandidaten – zwar nicht heroisch, aber doch bemerkenswert – gegen einen patriarchalischen und intriganten Apparat durchgesetzt.

3. Das Jahrhundert der Projektionen – Traumprinzessinnen

»When I was a little boy, I read about a fairy princess, and here she is.«
»Als ich ein kleiner Junge war, las ich von einer Märchenprinzessin – und hier ist sie.«

Präsident Harry Truman über Prinzessin Elisabeth anläßlich ihres ersten Besuches in den USA

»The stuff that fairy tales are made off ...«
»Der Stoff, aus dem Märchen gemacht sind ...«

Der Erzbischof von Canterbury anläßlich der »Traumhochzeit« von Charles und Diana

Was macht sie eigentlich aus: die Prinzessin? Kleine Mädchen können das ziemlich präzise beschreiben. Eine Prinzessin sollte sehr
blonde und sehr lange Haare haben – und darin gegebenenfalls eine
kleine Krone tragen. Natürlich hat eine Prinzessin ein überaus hüb-
sches Gesicht, Mandelaugen wie eine Disney-Figur aus den 90ern
und eine Seidenhaut wie Schneewittchen. Was dem Kinde weniger
auffällt, aber gemeinhin als Norm-Mitgift dazugehört, ist ein Körperbau Marke Barbie. Das solcherart gestaltete Gesamtkunstwerk
sitzt strahlend und glücklich inmitten eines prachtvollen, bisweilen
verwunschenen Schlosses und wartet darauf, von einem hübschen
Prinzen in ein noch schöneres, größeres, möglichst unverwunsche-
nes Exemplar dieser Bauart entführt zu werden.

Annähernd jedes Mädchen möchte, wenn es einmal groß ist, auch
Prinzessin werden – oder ersatzweise mindestens bei der nächsten
Faschingsfeier als solche auftreten. So mancher kleine Junge hält sich
dementsprechend für den zukünftigen Prinzen, insofern dies das
Erlegen feindlicher Drachen und die uneingeschränkte Anbetung
durch eine der besagten Prinzessinnen mit sich führt. Prinz Eisen-
herz klingt da schon mal nicht schlecht.

Spätestens seit dem Ende des 18. Jahrhunderts ist es mit Enttäuschun-
gen verbunden, der Wirklichkeit des königlichen Nachwuchses zu
begegnen – und sei es auch nur aus der Ferne. Prinzen und Prinzessinnen laufen nicht immer in schönen Kleidern respektive purpur-
roten Jagdjoppen herum, und auch Kronen tragen sie nur bei beson-

deren Gelegenheiten. Prinzen haben manchmal Segelohren und keinen besonders athletischen Körperbau, den Prinzessinnen mangelt es überwiegend an einer langen Haarpracht.

Und doch muß sich aus der Kindheit etwas in die Erwachsenenrealität hinüberretten: An den Bildern, den Geschichten, den Motiven des königlichen Nachwuchses herrscht ein ungebrochenes und unstillbares Interesse. Für die bisweilen etwas armselig wirkende Schar der Experten ist die Schicksalsgeschichte der in legitimierter Inzucht versammelten europäischen Adelshäuser längst Lebensinhalt geworden – gefüttert durch eine Fachpresse, die andere nur hin und wieder in Wartezimmern durchblättern, um wieder einmal festzustellen, daß sie die meisten Protagonisten weder vom Bilde noch vom Namen her kennen. Die einzelnen Stars allerdings, die wenigen Großen, die kennen auch sie. Wenn die »wichtigen« Prinzessinnen in ihren eigenen, den seriösen Zeitungen auftauchen, wenn das Fernsehen etwas über sie zu verraten weiß, oder es im Radio einige Originaltöne gibt, dann sitzt auch der ansonsten unbeeindruckte Rest der Welt plötzlich aufgeregt im Sessel.

Die Veredelung der Adligen zu geschichtlicher Größe ist selten allein den Historikern überlassen worden. Einst haben die Bänkelsänger, später die Dramaturgen solchen mediokren Gestalten wie Richard Löwenherz über Generationen hinweg zu Ansehen verholfen – oder, siehe Shakespeare, aus den Schicksalen der diversen englischen Heinrichs Abbildungen der menschlichen Seele gezeichnet. Im 20. Jahrhundert haben es dann die Presse und später das Fernsehen übernommen, aus den zahlreichen Königlichen Hoheiten einige herauszugreifen und in den medialen Olymp zu befördern.

Erst am Ende des Jahrtausends der Monarchen sind diese zu Weltstars geworden – zu virtuellen Ikonen aller Kulturen der Erde: Der Titel der »glamourösten Frau der Welt« wird vom Internationalen Künstler-Komitee in New York an eine Prinzessin vergeben; das ebendort erscheinende *Time Magazine* ruft dieselbe zur »Frau der Woche« aus und beschreibt auf vier Seiten und ohne besonderen Nachrichtenanlaß, wie sie zum Vorbild einer Generation wurde. In einer Artikelflut wird sie als die »Prinzessin der Herzen« dekoriert, und der amerikanische Präsident Harry Truman, scheinbar unsterblich verliebt, prägt ein unsterblich romantisches Wort: »Als ich ein kleiner Junge war, habe ich von einer Märchenprinzessin gelesen –

und hier ist sie.« – Elisabeth Windsor hält die Welt in Atem. Sie ist die erste große Traumprinzessin dieses Jahrhunderts, eine Phantasiegestalt wie jene andere, die am Ende des gleichen Jahrhunderts zur Volksheiligen werden sollte. Zwar hat die Prinzessin aus London kein güldenes Haar, aber immerhin ein bezauberndes Lächeln (wenn sie denn lächelt). Denjenigen, mit denen sie spricht, vermittelt sie das Gefühl, interessiert zu sein, warm, wißbegierig – und nie von oben herab zu reden. Sie sprüht nicht vor Humor und Intelligenz, aber sie versprüht einen einfachen Charme – wenn man den beeindruckten Zeitgenossen Glauben schenken darf. Auch ihr Äußeres entspricht dem Ideal ihrer Zeit, ohne daß sie von solch außergewöhnlicher Schönheit wäre, daß es das Publikum unmittelbar die Sprache verschlagen würde. Sie kleidet sich gut, aber konservativ; und sie lebt ein Leben in einem bescheidenen Reichtum, ohne dabei ausschweifend zu werden.

Auch Diana wird einmal für ein ganzes Zeitalter stehen. In ihrer Frühphase als Traumprinzessin ist sie zunächst nur schön; ein blonder »Traum« und – wie der sich zu vermählende Prinz es einmal ausdrückt – mit »Beinen wie eine Schnellstraße ins Delirium«. Diana ist 19 Jahre jung, als sie von der Welt entdeckt wird. Das Bild, das binnen Sekunden von ihr gezeichnet wird, verrät etwas davon, wofür die spätere Traumprinzessin stehen soll: Eine »einfache Kindergärtnerin« soll Di sein, wie sie schnell gerufen wird – »Di«, »Lady Di« oder auch »Shy Di«, die scheue Di. Sie trägt in dieser Zeit dünne Baumwollkleider mit Blümchenmuster und hat insgesamt beinahe etwas unnatürlich Natürliches an sich, etwas leicht Hausbackenes; und doch ist in Shy Di sogleich die ganze Nation verliebt, denn das Märchen vom Aschenputtel scheint wahr zu werden: Der Prinz entdeckt schließlich die dritte Tochter des Hauses Spencer, nachdem die zickigere erste ihm nicht zugesagt hat. Und so reißt der weltgewandte »Charles-Charming« die holde Unschuld aus ihrer kleinen und überschaubaren Welt heraus. Am Montag nach dem Jagdwochenende in Sandringham hat Diana bei Schwester Sarah auf den Knien noch die Küchenfliesen gescheuert. Und nun darf sie plötzlich in den Palast. Ein Traum wird wahr – ein Jederfrautraum.
    Die Bilder sind künstlich. Sie tragen Wahrheiten in sich, aber sie lügen trotzdem. Diana ist keinesfalls die naive Unschuld aus dem

Kindergarten (auch wenn sie »an mehreren Nachmittagen in der Woche«, wie Andrew Morton schreibt, tatsächlich im »Young England«-Kindergarten in London-Pimlico jobbt). Sie ist eine höhere Tochter im Wartestand – mit einer eigenen, vom Vater zum achtzehnten Geburtstag spendierten Vier-Zimmer-Wohnung in einem edlen Appartmentblock, 60 Coleherne Court. Und auch die junge Elisabeth ist keine charmante, aus sich selbst und den Umständen heraus gereifte Frau, sondern ein von den Eltern bewußt jung gehaltenes Mädchen, dem erstmals die Erfahrung der wirklichen Welt zugestanden wird.

Doch die Epochen brauchen ihre Träume. Nach dem Zweiten Weltkrieg geht es den Briten schlechter als vielen anderen Nationen Westeuropas – und ein wenig zweifellos aus eigenem Verschulden. Zu großspurig hat man sich als Weltmacht aufgespielt, so daß die saturierten Amerikaner noch nicht einmal den Anlaß sehen, dem Vereinigten Königreich seine Kriegsschulden zu erlassen. Lebensmittel und Energiezufuhr bleiben bis weit in die fünfziger Jahre hinein rationalisiert: länger als im besiegten, aber vom Marshall-Plan nachhaltig aufgepäppelten Westdeutschland. Der gewonnene Krieg wirft keine Dividende ab, im Gegenteil: Das *Empire*, auf dem das britische Selbstbewußtsein beruht, zeigt alle Anzeichen eines Auseinanderbrechens. In Indien, das als Kaiserreich dem britischen König zu einer zweiten Versalie im Titel verhilft (der Monarch unterschreibt mit »George R I«, »Rex et Imperator«), deutet die Bevölkerung im Rahmen eines Befreiungskampfes den dringenden Wunsch an, ihre Kolonialexistenz gegen die Unabhängigkeit einzutauschen. (Ein Handel, den in Kürze ein gewisser Lord Louis Mountbatten in der ihm auf Zeit überlassenen Funktion des indischen Vizekönigs überwachen wird.)

Die strahlende junge Dame auf den Titelseiten der Zeitschriften jedenfalls, »Ihre Königliche Hoheit die Prinzessin«, hilft ein wenig über die Trübsal dieser Tage hinweg. Sie symbolisiert den Neuanfang nach dem Weltgemetzel, die neue Hoffnung, die neue Zukunft, den dringend erforderlichen Aufbau. Inmitten all dessen wird sie zum Leitbild für den weiblichen Teil des englischen Mittelstands, *Middle England*: sauber und ordentlich, elegant, aber nicht auftragend, auch ungeschminkt hübsch, bescheiden – und mit genau dem richtigen Maß an Selbständigkeit, die sich der britische Mann im

Hause bei seiner jungen Braut wünschen würde. Mit dem Porträt des New Yorker *Time Magazine* wird die Anziehungskraft der Prinzessin über die Grenzen ihres eigenen Königreichs hinaus deutlich. Dort wird ihr zwar auch »Pin-Up Charme« angedichtet, vor allem aber wird sie zur Essenz des weißen, mittelständischen Amerikas verdichtet: praktisch veranlagt, mit beiden Beinen fest auf dem Boden der Tatsachen stehend, erfolgsorientiert, ehrlich, menschlich. Amerika, schon jetzt der endgültige Jahrmarkt der Eitelkeiten, darf die Prinzessin lieben, als wäre es die eigene. Und wenn dann erst der Prinz dazu kommt ...!

Diana nimmt da später schon eine andere Rolle ein. Und die Kulisse ist auch eine andere: Margaret Thatcher hat 1979 die Macht übernommen (und befindet sich zu diesem Zeitpunkt im ersten tiefen Tal ihrer achterbahnähnlich schwankenden Popularität). Der neoliberale Umbau der chronisch darniederliegenden britischen Wirtschaft, der angekündigte Aufbruch zu neuen Ufern spielt eine neue Begleitmusik: Der Individualismus soll en vogue werden, Egoismus wird erlaubt, das Genießen neu entdeckt. Ausgerechnet die Konservativen drohen unter Margaret Thatcher, die Klassenschranken im Königreich niederzureißen; und sie werden es unter großen Verlusten, dafür aber um so nachhaltiger schaffen. Bereits zu Beginn der Thatcher-Ära aber ist das Königreich von einem Abschied gezeichnet: Dem Abschied von der gemütlichen Akzeptanz royalistischer Traditionen.

In den Siebzigern, darauf wird zurückzukommen sein, erlebte die britische Monarchie eine erstaunliche Renaissance – als Haltepunkt in einer unruhigen, von Ängsten gezeichneten Epoche. Am Ende des Jahrzehnts aber beginnt sich Unwillen zu zeigen, vielleicht mehr aus Langeweile denn aus echter Unzufriedenheit mit der steifen, unbeweglichen, stets gleichen Form, in der sich Monarchie darstellt. Selbst die Liebesaffäre der Öffentlichkeit mit der für die Medien und die Massen eher überraschend auftauchenden »Shy Di« braucht unter solchen Vorzeichen einige Wochen Aufwärmzeit. Doch dann ist es auch schon geschehen: Diana – für die Frauen der Zeit schon eine Identifikationsfigur, für viele Männer ein Sexobjekt – schickt die Monarchie auf den Weg in ein neues Rollenverständnis – unbedarft, ungewollt, aber dafür um so forcierter. Das Volk und ihm voran die von wachsender Ungeduld und sinkendem Skrupel gekennzeichnete Presse wollen eine Romanze, ein durchaus gewaltiges monarchistisches Brimborium, ohne selbiges aber wirklich ernst nehmen zu müssen. Mit dem Aschenputtelglück bietet sich die passende Geschichte an, ein Plot, der mehr als nur ein privates Glück für den brautsuchenden Charles zu versprechen scheint. Das Kindergartenmädchen, das zur Prinzessin wird, ist schließlich auch eine Heldin des Thatcherismus – eine Aufsteigerin. Diana bringt keine ungewohnten, weil unverstandenen Traditionen mit in das Liebesmärchen, sondern neue Menschenqualitäten: Sex-Appeal, Mode, Starallüren. Diana ist die ultimative Verbindung des Höfischen mit dem Zeitgeist.

Die Zeiten also ändern sich, und somit auch die Fragen, die die Gesellschaft ihren Prinzessinnen stellt. Aber hat sich das Märchen verändert? Haben die Menschen in den Nachkriegsjahren den Klimbim am Hofe anders als ihre Kinder und Enkel in den Achtzigern bewertet?

In Buckingham Palace ist man sich schon länger bewußt, daß weder das Schaustück alleine noch die Besetzung der Rollen eine Monarchie in die Moderne führen können. Der Hofstaat ist nicht mit Dummköpfen oder Ignoranten besetzt; allenfalls dürfte man, aus naheliegenden Gründen, die politischen Überzeugungen des führenden Personals als tendenziell konservativ bezeichnen. Der Hof hat über den größten Teil dieses Jahrhunderts die Labour-Regierungen nicht sonderlich geliebt (die Blairsche des »Dritten Weges« dürfte da eine Ausnahme darstellen). Das lag und liegt nur in zweiter Linie daran, daß man in der sozialistischen Partei wohl zu Recht manchen Anhänger des Republikanismus wähnte – also politische Gegner der Monarchie.

Im vergangenen Jahrhundert hat der damalige Chefredakteur des *Economist*, Walter Bagehot, so etwas wie eine Theorie der britischen Monarchie entworfen. Sein 1867 erschienenes Buch *The English Constitution* enthält ein Kapitel über die Geschichte, Funktion und Zukunft des Königshauses; dieser Text ist seitdem zu einer Art Bibel der britischen Royalisten geworden. Nicht nur Politiker und Staatstheoretiker lesen Bagehot noch heute (wenngleich kritisch). Auch die königlichen Hoheiten selbst sind mit ihm vertraut gemacht worden. Georg V. hat Bagehot als junger Mann gelesen, Da-

vid / Edward VIII. und Albert / Georg VI. haben ihn auswendig lernen müssen, er gehörte zu Elisabeths Geschichts-Curriculum bei Sir
Henry Marten, und auch Charles hat sich scheinbar wie selbstverständlich mit Bagehot auseinandergesetzt.

Nun lassen sich Bagehots Schriften zweifellos weder als zeitlos
noch als progressiv bezeichnen. Seine Ausführungen sind fest in den
Sichtweisen des 19. Jahrhunderts verwurzelt, und sie zeichnen sich
folgerichtig durch unverhohlene Verachtung für die »niederen Klas-
sen« aus – von deren politischen Vertretern ganz zu schweigen. Für
jene allerdings, so seine These, ist die Monarchie im Grunde genommen gemacht: Die Auffassungsgabe »der Masse der Menschen ist
unglaublich schwach«, schreibt er etwa, »sie kann nichts verstehen
ohne ein sichtbares Symbol. (...) Der beste Grund dafür, warum die
Monarchie eine starke Regierung ist, ist darin zu sehen, daß sie eine
verständliche Regierung ist. Die Masse der Menschheit versteht sie,
und überall auf der Welt versteht sie kaum etwas anderes.«

Wer so etwas schreibt, muß im 20. Jahrhundert seine Kritiker auf
den Plan rufen; weniger empörte als vielmehr interessierte Menschen entdeckten jedoch, daß Bagehot neben dieser zweifellos reak-
tionären These noch eine weitere aufstellt: daß nämlich der Kern der
Monarchie das Theater sei.

Das überrascht nicht weiter, aber die Zusammenhänge sind
nichtsdestotrotz erhellend. Es gäbe, so Bagehot, einen Teil der Regierung, der funktioniere: tagtägliches Aushandeln, Vermitteln und
Streiten gehören dazu – *checks and balances* nennt das die Politik-
wissenschaft. Dieser Teil sei im Grunde für die meisten der Regier-
ten langweilig und fördere auch keinerlei Respekt oder Referenz.
Der Respekt (oder wie man in moderneren Zeiten sagen würde: die
Identifikation) nähre sich aus anderer Quelle: vom »würdevollen«
Teil des Regierens: »Die Elemente, die die einfachste Ehrerbietung
hervorbringen, werden die theatralischen Elemente sein – jene, die
die Sinne ansprechen, jene, die behaupten, die größten menschlichen Ideen zu verkörpern, jene, die in manchen Fällen sich gar brü-
sten, weit wichtigere als menschliche Wurzeln zu haben«, schreibt
Bagehot. »Und das, was mystisch ist an diesem Anspruch; das, was
okkult ist in der Art seiner Umsetzung; das, was glänzend ist für das
Auge; das, was in dem einen Moment lebend erscheint, und dann
wieder nicht mehr zu sehen ist.«

Für Bagehots Anhänger ist die Monarchie demnach das mindestens hilfreiche, vermutlich sogar notwendige Theaterspiel um die »Idee Staat«, und in dieser Aufführung ist sie dann am wertvollsten und effektivsten, wenn sie sich mit einer gewissen Mystik umgibt. Dazu gehört, so die Monarchisten, das sogenannte Protokoll (also all die großen und kleinen Regeln für den monarchischen Alltag) ebenso wie das Versteckspiel. Alles Mystische verflüchtigt sich, wenn man die ganze Zeit über zugucken darf: Die Flucht aus der Sichtbarkeit, das Abtauchen hinter die prunkvolle Kulisse sind seit Bagehot als unveräußerliche Bestandteile des »Erfolgsrezepts« einer Monarchie anerkannt.

Der Aufstieg zur Weltmacht ist für die Prinzessin Elisabeth mit einer Reise verbunden. Seit Monaten hat die südafrikanische Regierung unter Feldmarschall Jan Smuts um einen Besuch der königlichen Familie gebettelt, um im Land gegen eine wachsend antibritische Stimmung und konsequenterweise eine mögliche Regierungsübernahme durch die nationalistischen (und rassistischen) Buren Front zu machen. Es ist die erste Auslandsreise »der vier« aus dem Hause York; es wird das letzte Mal werden, daß König Georg VI. seine beiden Töchter auf einen Staatsbesuch mitnimmt. Das hat etwas mit seiner Gesundheit zu tun und nichts damit, daß die viermonatige Reise nicht ein Erfolg für den Palast ist. Obwohl die Buren kräftig gegen die »Gäste« meckern (in der Tat ist George südafrikanisches Staatsoberhaupt) und gegen die öffentliche Mischung von »Europäern und Nicht-Europäern« im Publikum, fliegen den Windsors die Sympathien zu. Zum Höhepunkt der Reise, drei Tage vor der Abfahrt, laden die Gastgeber zur Feier des 21. Geburtstags der Prinzessin Elisabeth ein. Das Land bekommt einen Feiertag, es gibt mehrere Bälle, Empfänge, prunkvolle Geschenke, inklusive einer goldenen Halskette mit 31 Diamanten. Und außerdem spricht Elisabeth im Radio; eine Sendung, die weltweit übertragen wird und zu ihrer legendärsten Ansprache wird. Mit hoher, reiner Stimme verspricht Elisabeth den Millionen, die ihr zuhören, ihr Leben dem Dienst am *Empire* zu widmen, »der großen imperialen Familie, der wir alle angehören«.

Selbst für den Autor des Textes, den Privatsekretär des Königs Sir Alan Lascelles, ist die Wirkung der Radioansprache überraschend, die in der Presse rund um den Erdball wie ein historisches Ereignis gefeiert wird. Der Text ist als politisches Debüt verfaßt, als ein Aufruf, der das bröckelnde Kolonialreich zusammenhalten soll, bis sich die Idee des Commonwealth, einer Familie gleichberechtigter Staaten unter dem Zepter der britischen Könige, überall durchgesetzt hat. Das Versprechen Elisabeths jedenfalls wiegt schwer und erzielt seine Wirkung: Es jagt den Millionen an den Radiogeräten einen Schauer über den Rücken. Fünf Jahre noch wird Elisabeth Prinzessin bleiben. Ihr Reich hat sie schon einmal erobert.

Diana erobert nicht, Diana wird entdeckt, und zwar, wie passend, von einem Journalisten. Am Ufer des Flüßchens Dee macht James Whitaker sie durch die Linsen seines Fernglases aus, unweit des Schlosses Balmoral, dem Prinzen beim Angeln zuguckend. Aber er ist unvorsichtig. Bevor Whitaker und seine beiden konkurrierenden Kompagnons Ken Lennox und Arthur Edwards die Kameras scharfstellen können, hat das Paar die Störung bemerkt: Im Fernglas hat sich die Sonne gespiegelt, im Lichtblitz noch verschwindet Diana hinter einen Busch, bevor sie – verärgert wie der zum Schein weiterangelnde Prinz – ihren Kopf in einen Schal wickelt und zurück zum Schloß marschiert.

Der Aufenthalt in Balmoral ist ihr erster, und sie nicht wenig nervös. Die »informelle Einladung« durch den Prinzen ist durchschaubarerweise als Antrittsbesuch bei der designierten Schwiegermutter zu verstehen. Der Hofstaat nimmt Maß: Kann die da Prinzessin werden? Eingeweihte reden vom »Balmoral-Test«, der das Bewältigen der protokollarischen Feinheiten bewertet und die Überwindung der formalistischen Hürden. So manche ist schon durchgefallen, weil sie sich nichtsahnend in einen Sessel hat fallen lassen, in dem seit der Einweihung durch Königin Victoria niemand mehr gesessen hat. Diana übersteht den Spießrutenlauf, aber ein Genuß werden die »wundervollen Tage« auf Balmoral trotzdem nicht. Diana ist Außenseiterin. Sie wohnt bei ihrer Schwester Jane, die mit ihrem Mann, dem Höfling Robert Fellowes, in einem der zahlreichen *Grace and Favour*-Häuschen auf dem Anwesen lebt. Andere Gäste sind im Schloß untergebracht, darunter auch das Ehepaar Parker-Bowles.

Nach ihrer Rückkehr bricht in London die Welt über Diana ein. Whitaker und Konsorten haben über ihre Kontakte im Palast längst herausgefunden, wer die Blondine unter dem Kopftuch war. Die Presse versetzt Coleherne Court in einen Belagerungszustand und lauert Diana vor dem Kindergarten in Pimlico auf. Jeder Schritt der jungen Lady wird fortan verfolgt, wenn sie dem »Rattenpack« der Fotografen und Reporter nicht durch irgendein Manöver entkommen kann. Sie verliert ihr Privatleben, aber immerhin kann sich Diana als Erfolg betrachten. Die Boulevardblätter, allen voran Rupert Murdochs *Sun*, führen ihrer Leserschaft die neueste Flamme des Thronfolgers wie einen Superstar vor. Sie buhlen um ein Lächeln für die Kameras, um ein freundliches Wort von der hübschen jungen Dame, um ein exklusives Gerücht. In ihren Mülleimern wühlt aber niemand. Es gibt keine lästerlichen Kritiken. Die Zeitungsmacher lieben diese Geschichte zu sehr, als daß sie sie sogleich wieder kaputtmachen wollten.

Der Spießrutenlauf beginnt: Nach dem Aufenthalt in Balmoral hat die britische Boulevard-Presse Diana fest im Visier – und wird sie bis zu ihrem Tod nicht mehr loslassen.

Der Prinz und sein Palast helfen nicht. Charles' Kritiker werden darin später Verrat sehen, seine Anhänger ganz normale Vorsicht. Wenn er eingegriffen hätte, so sagen sie, wäre dies die Bestätigung dafür gewesen, daß der Prinz die Kindergärtnerin vielleicht heiraten würde. Vor der öffentlichen Erklärung (oder genauer: bevor er Diana diese Frage überhaupt stellt) wird der Palastsprecher die Belagerte nur einmal in Schutz nehmen. Am 16. November 1980 kommt der *Sunday Mirror* mit der Behauptung an die Kioske, Diana habe elf Tage zuvor in Staverton in der Grafschaft Wiltshire den königlichen Zug bestiegen, um eine Nacht mit Charles zu verbringen. Diana dementiert und legt ein Alibi vor. Der Palast verneint energisch. Der Chefredakteur des Blattes bleibt dabei, daß seine Informanten die Blondine beim Besteigen des Zuges gesehen hätten.

Der Palast hat nur reagiert, weil die Geschichte an einer Vorbedingung rüttelt, die es bei einer möglichen Vermählung einzuhalten gilt: die schon erwähnte Jungfräulichkeit. Jeder Hauch eines Skandals muß vermieden werden, solange das Jawort nicht gesprochen ist. Die Romanze bekommt so eine Dringlichkeit, die dem Fortschritt in der persönlichen Beziehung der beiden Beteiligten gar nicht entsprechen kann. Die Belagerung durch die Medien ist für Diana nicht endlos auszuhalten, das ist jedem klar. Irgendwann bricht entweder sie zusammen, oder irgendein Makel wird entdeckt, der das Traumgebilde einer Thronfolger-Hochzeit schon im Vorfeld zum Zusammenbruch führen könnte. Der Coup des *Sunday Mirror* hat zunächst dies offengelegt: die Nerven.

Der wirkliche Hintergrund der Beobachtung, die tatsächlich verläßliche Informanten dem *Sunday Mirror* übermittelt haben, geht so gut wie allen Beteiligten angesichts der überzeugenden Dementis verloren. Es gab nämlich eine Blondine, es gab auch eine gemeinsame Nacht. Es war nur nicht Diana. Doch niemand hat damals nach einem anderen Namen gefragt. Erst 1993 hat James Whitaker diese Geschichte wieder ausgegraben, ihr einen Namen gegeben und damit keine Überraschung ausgelöst: Camilla Parker-Bowles.

Dringlichkeiten im Heiratsgeschäft gab es auch schon zu anderen Zeiten und das Wissen über vorausgegangene oder anhaltende Beziehungen der künftigen Bräutigame auch. (Die mußten allerdings keine »Unberührten« sein, ganz im Gegenteil: Schon Bagehot setzt eine gewisse Übung in Liebesangelegenheiten voraus.)

Am Vorabend der viermonatigen Südafrika-Reise Elisabeths hat man im Palast gemeinsam gegessen: die Windsors und die Mountbattens. Die Verlobung steckt in allen Köpfen, aber niemand spricht sie an. Und auch nach Elisabeths Rückkehr hält das Schweigen an; aber alle gehen insgeheim davon aus, daß die Sache unter Dach und Fach ist. Die BBC hat sogar bereits begonnen, mit früheren Vertrauten der Prinzessin und des Prinzen Kontakt aufzunehmen – für ein Porträt »zu gegebener Zeit«. Die Großmutter Elisabeths, Königin Mary, versucht noch einen letzten Vorstoß gegen die Vermählung mit dem ihr unwürdig erscheinenden Prinzen, doch mittlerweile ist es eindeutig zu spät. Am 8. Juli 1947 verkündet Buckingham Palace die Verlobung von Prinzessin Elisabeth mit Leutnant Philip Mountbatten, Royal Navy, »Sohn des verstorbenen Prinz Andrew von Griechenland und der Prinzessin Andrew (Prinzessin Alice von Battenberg)«. Die Traumprinzessin hat ihren Traumprinzen endlich bekommen.

Auch Diana, die Traumprinzessin in Wartestellung, hat – trotz aller nachträglichen Legendenbildung – keineswegs endlos gezweifelt, als sich für sie die Frage nach der Vermählung mit dem Traumprinzen gestellt hat. Diana war verliebt. Sie selbst hat das sowohl damals als auch später immer wieder betont. Sie wollte diesen Mann, und sei es nur, weil er ihr leid tat in seiner Einsamkeit. Sie wollte auch den Job. Einer »einfachen Kindergärtnerin« wäre nicht klar gewesen, was dieser Schritt bedeuten mußte – doch Lady Diana Spencer war gewarnt. Ihre Familie war schließlich – seit Jahrhunderten – nah am Geschehen gewesen. Selbst ihre Großmutter, die oft als die Intrigantin hinter jener Ehe porträtierte Lady Ruth Fermoy, Hofdame der Königinmutter Elisabeth und somit bestens mit den Vorgängen vertraut, hat Diana deutlich gemacht, daß sie das Leben bei den Windsors möglicherweise als schwierig empfinden würde. Und der anhaltende Ansturm der Presse hätte Diana nachdenklich machen und sie zu einem Nein bewegen können. Daß sie tatsächlich die Wahl hatte, entschuldigt nicht das spätere Verhalten der Windsors ihrer neuen Schwiegertochter gegenüber – und nicht die Untreue ihres Gatten. Die Geschichte von der verratenen Unschuld, das von Diana selbst evozierte Bild vom »Opferlamm, das zur Schlachtbank geführt wurde«, bleibt aber nichtsdestotrotz Legende.

Wann Prinz Philip beim König um die Hand Elisabeths angehalten hat, ist nicht bekannt. Der Tag, an dem Prinz Charles seine Zukünftige um die Ehe bittet, ist dagegen mehrfach verbürgt. Und auch Diana hat die Geschichte häufig erzählt. Am 6. Februar wurde Diana auf Schloß Windsor eingeladen, und am Abend soll er sie gefragt haben, ob sie ihn heiraten wolle. Sie habe zunächst albern gelacht. Er wiederholt die Frage und betont, daß ein Jawort bedeuten würde, daß sie eines Tages Königin sein werde. Sie lacht erneut, sagt aber diesmal »Ja«. Und sie beteuert, sie würde ihn sehr, sehr lieben. »Was auch immer Liebe meint«, antwortet Charles.

Die Formulierung wiegt schwer. (Und dies erst recht, weil Charles sie wiederholt, als sich das Paar ein paar Tage später der Presse stellt.) Sie wird später als Beweis dafür herhalten, daß die »Romanze« nichts war als eine bitterböse Verschwörung gegen eine naive 20jährige. Charles habe sich Diana damals nicht als Frau genommen – so verteidigt beispielsweise Julie Burchill die spätere Prinzessin of Wales –, sondern als Alibi. Er habe sie mit dem Versprechen von Liebe und Reichtum gelockt und habe ihr dann nur leere Paläste geboten. Geliebt habe Charles schon immer nur Camilla; aber um einen Thronfolger zu zeugen, habe er sich Diana als Gattin geködert. Sie habe geglaubt, es sei Liebe; er habe gewußt, daß es nur Pragmatismus war. »Was auch immer Liebe meint«: Für die Charles-Gegner ist das die Überschrift eines legendären Betrugs.

Es kann aber auch etwas anderes gewesen sein: pure Unsicherheit. Der Prinz mag ein gewandter Schütze sein und sich auch in Sachen Genealogie auskennen – ein Virtuose auf der Klaviatur der Gefühle ist er nicht. Er ist noch nicht einmal imstande, einen gekonnten Flirt hinzulegen (obwohl er, müßte man meinen, ein recht ausgiebiges Training genossen haben dürfte). Wie er mit Anna Wallace oder mit Sarah Spencer umgegangen ist, zeugt nicht gerade von ausgeprägtem Feingefühl. Empfindungen anderer sind ihm entweder egal, oder er weiß nicht damit umzugehen. Die Usancen in seiner Familie sprechen für die zweite Erklärung. Auch in der Ära Elisabeth spricht man im Hause Windsor nicht über Gefühle oder private Kümmernisse – darauf wird zurückzukommen sein.

So viel darf jedenfalls vorausgesetzt werden: Charles ist in einer Atmosphäre der vornehmen Zurückhaltung aufgewachsen, besser: der emotionalen und kommunikativen Indifferenz. Er ist unglücklich gewesen – auf der Schule und später auch beim Militär. Bei der Jagd, beim Angeln, in der Natur und beim Polospiel taut er auf – und allenfalls noch dann, wenn er als Playboy der *upper class* auftreten kann. In sich selbst kann er sowenig ruhen wie in einer Beziehung. »Was auch immer Liebe meint«: Da versucht einer, besonders philosophisch zu wirken – oder vielleicht erwachsen und cool und irgendwie über den Dingen stehend. Und da wirkt einer wie ein blasierter Gimpel. Aber zynisch? Dazu bedürfte es der (schmerzhaften) Erfahrung, was Liebe eigentlich ist. Oder intrigant? Dazu bedürfte es der kommunikativen Intelligenz. Man braucht wohl nicht einmal die frühen Briefwechsel der »Waleses«, wie sie unaussprechlich einmal heißen werden, zu konsultieren, um auch bei Charles eine Verliebtheit auszumachen. Er hat sich immer »leicht verliebt«, hat er einmal zugegeben – und seine Exfreundinnen konnten das bestätigen. Charles muß tief berührt gewesen sein von der sich ihm darbietenden Zuwendung. Diana hat sich ihm wie ein Kind geöffnet; sie hat ihn unbedingt und naiv geliebt, und das muß ihn schlicht mitgenommen haben. Die Liebe, die er für ein Vexierspiel halten mag, hält ihn an diesen Tagen ebenso gebannt wie sie. Eine Selbsttäuschung ist sie wahrhaftig, wie sich zeigen wird. Aber das dann auch für beide.

Die Beziehung zwischen Diana und dem Prinzen von Wales landet auf der Analytikercouch, bevor sie richtig begonnen hat. Jene zwischen Prinzessin Elisabeth und Philip steht gut 30 Jahre früher durchaus anders da: unhinterfragt. Die Gerüchte über die außerehelichen Eskapaden des Prinzen mögen nie verstummt sein, in Frage gestellt wurde die Ehe darüber nicht. Elisabeth, so geht die Geschichte, hat sich für Philip entschieden, und er hat die Beziehung zunächst aus pragmatischer und dann zunehmend aus emotionaler Sicht mitgetragen. Es gehört zur gelebten und selbstverständlichen Erfahrung jener Zeit, selbst unter Eheleuten kaum etwas über die gegenseitigen Gefühle herauszulassen – von der Öffentlichkeit ganz zu schweigen. Und das Volk hat 1947 auch gar kein Interesse daran, etwas von Zweifeln zu hören. Die Hochzeit des Jahres, die an einem düsteren 20. November stattfinden wird, soll einer schweren Zeit ein Moment des Glanzes bescheren. Das prachtvolle Ereignis am Hof verspricht Ablenkung von den Sorgen des sich anbahnenden Kalten Krieges.

Das Königreich putzt sich heraus, der Hof fiebert der Traumhochzeit in Westminster Abbey entgegen. Und Georg VI. zieht alle Register des monarchischen Veranstaltungsdesigns. Er verleiht erst der Tochter, ein paar Tage später dann dem designierten Schwiegersohn ebenso würdig wie eilig den höchsten Hosenbandorden, um eine anständige Deko auf den Hochzeitsfotos sicherzustellen. Die neuen Titel, mit denen er Prinz Philip in den angemessenen Stand hievt, kommen allerdings zu spät für manches Einladungsbillett der zahlreichen Festmahle, Bälle und Empfänge, auf denen der Bräutigam als einfacher Leutnant der Königlichen Flotte erscheint. Aus jenem wird indes durch königliche Unterschrift – wenngleich erst nach monatelangen Verhandlungen mit Hofbeamten, Historikern und dem Königlichen Innenministerium: »Seine Königliche Hoheit Baron Greenwich, Earl von Merioneth und Herzog von Edinburgh, Leutnant Philip«. (»Prinz« wird der Mann offiziell erst wieder zehn Jahre später, als ihm seine Frau als Königin diesen Titel verleiht.) Mit noch größerem Elan nimmt sich Georg VI. des neuen Wappens des Herzogs an. Heraldik ist so etwas wie ein beruflich bedingtes Hobby des Königs.

Bei Diana wird man mit Insignien bescheidener umgehen können. Als Lady Diana Spencer ist sie ausreichend versorgt. Statt dessen scheint man am Hofe davon überzeugt zu sein, daß die junge Frau dringend der Nachhilfe in Sachen Selbstinszenierung bedarf: Sie hat sich nämlich dazu hinreißen lassen, vor ihrem Kindergarten für die Kameras zu posieren – ohne so recht mitzubekommen, weshalb die Fotografen eigentlich so begeistert sind: Die Sonne scheint von hinten durch ihr dünnes Baumwollkleid … Der Prinz macht sich lustig, Diana schämt sich. Bei ihrem ersten offiziellen Auftritt bei einer Wohltätigkeitsveranstaltung für das Royal Opera House steigt sie in einem tief ausgeschnittenen schwarzen Kleid aus der Werkstatt ihrer neuen Maßschneider David und Elizabeth Emanuel aus dem Wagen. Den Fotografen bietet sich ein mehr als flüchtiger Blick in ein »die Schwerkraft negierendes Dekolleté« (wie die Hofschneider es selbst beschreiben). Diesmal ist der Prinz *not amused*. Und die konservative Presse ebensowenig: Die zukünftige Prinzessin habe doch bitteschön unschuldig auszuschauen. Das Spiel mit den erotischeren Facetten der Mode, so wird Diana in den Kommentarspalten belehrt, sei der Auserwählten nicht angemessen. Charles drückt sich ungenauer aus, besser gesagt: ausweichend. Schwarz sei doch eine Farbe, die man auf Beerdigungen trage. Die Schweigespirale dieser Ehe hat bereits ihren Anfang gefunden.

Am Abend vor der öffentlichen Ankündigung der nunmehr feststehenden Eheschließung wird Diana an den Hof umgezogen: Von Coleherne Court nach Clarence House, von der reichen Töchter-WG an den majestätischen und stillen Sitz der Königinmutter. Diana wird das erste Mal mit den beschränkten kommunikativen Kompetenzen des Hofstaates konfrontiert. Niemand aus der Familie, der sie an der Tür in Empfang nehmen würde; es findet auch keine Einführung ins Hofprotokoll statt, keine Aufklärung über die *musts* ihrer neuen Rolle als Prinzessin-in-Wartestellung. Das einzige, was wartet, ist ein Brief auf Dianas Bett: Eine Einladung zum Gespräch bei einer Tasse Tee, unter vier Augen, über das bevorstehende Event. Mit freundlichen Grüßen: Camilla Parker-Bowles.

Das Unwohlsein der jungen Braut verstärkt sich zunehmend, so Dianas rückblickende Erzählungen. Und die ungewohnte Umgebung tut das ihre zur Sache dazu; doch daß der nagende Zweifel an der Aufrichtigkeit der ganzen Angelegenheit aus ihrem Kopf nicht verschwinden will, liegt auch am häufigen Auftauchen des eben genannten Namens. Am Vorabend einer fünfwöchigen Reise des Prinzen von Wales nach Australien ruft Camilla an und unterbricht so den Abschied der Frischverlobten. Nach seiner Rückkehr öffnet Diana ein kleines Päckchen (zu seinen Händen), dem sie ein häßliches Herren-Gold-Armband entnimmt, samt einem Anhänger, in dessen Emaille die Buchstaben »F« und »G« miteinander verschlungen sind. Diana hat bereits gelernt, was sie bedeuten: Fred und Gladys stehen in der internen Kommunikation für Charles und Camilla. Diana ist wütend.

Nach außen aber dringt nichts. Die Fassade bleibt unbeschadet – so, wie man es am Hof gewohnt ist und auch erwartet. Im Lichte der Öffentlichkeit glänzt Diana schon mit Witz und Esprit – sie strahlt ein völlig neues Selbstbewußtsein aus, das wiederum auf sie zurückstrahlt. Vor den Kameras gewöhnt sie sich schnell einen eigenen Stil an: Fotografen und Fernsehteams schreitet sie nicht mit der kühlen Distanz der anderen Familienmitglieder ab, sondern sie dreht sich immer noch einmal kurz um und blickt in die Menge. Sie lächelt in die Welt, als wollte sie eine geheime Komplizenschaft, eine uneinlösbare Nähe betonen: »Ich bin eine von Euch«, scheinen diese geheimnisvollen, aber auch begehrlichen Blicke zu sagen. Dabei ist Diana, eine wundersame Verwandlung, schon längst keine mehr »von uns«. Sie ist von einer Aura der Entrücktheit umgeben, stellen ihre alten Freunde fest, von einer Unantastbarkeit, die nicht abweisend ist, aber auch nicht zur Disposition steht: *A Star is born* – Prinzessin Diana – und nun wird geheiratet.

Eine Hochzeit ist das Beste, was eine Monarchie an historischer Inszenierung zu bieten hat; es ist ein persönliches Fest, und damit ein internationaler Familienanlaß, anders als der eher bürokratische Akt einer Krönungsfeier. Eine Hochzeit, die einen zukünftigen König vermählt, feiert allerdings nicht nur die Monarchie: Was da geschieht, ist eine Werbe- und PR-Veranstaltung für die soziale wie religiöse Instanz der Ehe – und ein Referenzfall für die Untertanen. Es ist kein Zufall, daß bei bürgerlichen Hochzeiten Kutschen gemietet werden und die Bräute glänzende Diademe tragen. Das Volk spielt in seinen Hochzeiten das königliche Ereignis nach.

Zu Ehren Elisabeths und Philips wird eine Woche lang getanzt. London erlebt eine Art Familienfest des europäischen Hochadels und seiner unter den Nachkriegsfolgen ächzenden Aristokratie. Tagelang geben sich gekrönte und ungekrönte Häupter in den Palästen der Windsors die Klinken in die Hand – immer unter den hochinteressierten Augen der Medien. Das Haus Windsor hat mit Einladungen nicht gegeizt. Insofern fällt noch stärker auf, wer alles nicht auf der Liste steht: Die rein deutsche Verwandschaft des Bräutigams hat zu Hause bleiben müssen, und der Herzog von Windsor (der in Ungnade gefallene Bruder des Königs) ist ebenfalls nicht erwünscht beim Fest. Nur der ungefährliche und unverdächtige Teil der blaublütigen Familien darf sich bei diesem größten Aristokratentreffen nach dem Krieg amüsieren – und gleichzeitig die führende Stellung des britischen Königshauses unterstreichen.

Das Programm für Charles und Diana wird, 34 Jahre später, ein ähnliches sein, aber eine Hochzeit anderen Stils wird 1981 doch gefeiert. Das Riesenfest an einem strahlenden 29. Juli 1981 ist noch viel nachdrücklicher als in den Vierzigern zu einer Inszenierung für ein globales Publikum mutiert – zu einem strahlenden, bunten, romantischen Spektakel. Die Hochzeit Elisabeths und Philips sollte ein

»Eine Hochzeit ist das Beste, was eine Monarchie an historischer Inszenierung zu bieten hat«: Die Heirat von Elisabeth und Philip (unten, am 20. November 1947) brachte Glanz in die ansonsten eher glanzarme Nachkriegszeit – und gab Hoffnung für die Zukunft. Charles' und Dianas Hochzeit (rechts, am 29. Juli 1981) stand dagegen nur noch im Zeichen der Ablenkung – das Volk wollte Unterhaltung, und es bekam sie, wenn auch anders, als am Hochzeitstag erwartet.

neues Zeitalter einläuten: als Siegesfeier der Demokratie, als Über-
lebenszeichen der Monarchie, als Versprechen auf eine blühende
Zukunft. Und es gibt einen Augenblick, Minuten vor der Eheschließung, der dieses Gewicht unterstreicht. Da trifft einer der geladenen
Gäste in Westminster Abbey ein, Oppositionsführer im Unterhaus –
und da steht die versammelte Gemeinde auf, gekrönt oder unge-
krönt, Europa erhebt sich. Und es zollt ihm Respekt, dem alten, un-
beugsamen Winston Churchill; sagt ihm Dank für seinen Sieg.

Am Anfang der achtziger Jahre wollen die Massen an den Straßen-
rändern, die sich schon Tage vor dem eigentlichen Ereignis versammelt haben, keine Mystik, keinen Beweis nationaler oder gar supra-
nationaler Größe. Das Volk will Unterhaltung – und es bekommt
sie. 600 000 werden es am Ende sein: Diana-Fans und Charles-

Anhänger, und längst nicht alle sind überzeugte Royalisten. Die Traumhochzeit des Jahrzehnts, die von einem Viertel der Weltbevölkerung am Fernseher verfolgt wird, ist ein historisches Ereignis, keine Frage. Aber sie steht für nichts jenseits ihrer selbst.

1947 besticht die Trauung durch außergewöhnliche Extravaganz. Das Hochzeitskleid der Traumprinzessin ist aus elfenbeinfarbener Seide, bestickt und besetzt mit Hunderten von Zuchtperlen. Zwölf königliche Hochzeitstorten sind gebacken, die größte über einen Meter hoch und in vier Monaten mühsamer Konditorenarbeit erstellt. 1500 Hochzeitsgeschenke werden für würdig genug befunden, zu einer bebilderten Ausstellung versammelt zu werden – von einer Jagdhütte in Kenia über einen Hengst aus dem Gestüt des Aga Khan bis zu einem grauen Wiegentuch, das Mahatma Gandhi persönlich gewebt hat. In einer Zeit, in der für die Bevölkerung Fleisch und Zucker rationiert sind, erscheinen die Bilder der »Königlichen Hochzeitswoche« wie Botschaften aus einer anderen Welt. Für Schulkinder wird der Tag mit dem unerhörten Luxus eines süßen Brötchens zum Erlebnis, für Kriegswitwen und -waisen durch die Zusendung von Konservendosen (samt »persönlicher Karte« der Braut), die von Lebensmittelunternehmen als Hochzeitsgabe eingefordert worden sind. Und nichts gibt den Anschein, daß das vom Krieg noch müde Volk den Zauber nicht aufnimmt wie ein trockener Schwamm einen Wasserschwall. Die weltweite Radioübertragung läßt ganze Städte verstummen, ein paar reiche Leute rund um London können sich Teile des Geschehens sogar auf dem Fernseher betrachten. Es gibt auch einen Film über das Ereignis. Selbst im zerbombten Berlin ist das Kino, in dem die Hochzeitsaufzeichnung gezeigt wird, eine Woche lang ausgebucht.

Die Heirat am Hof in den Achtzigern berührt die Menschen auf andere Weise. Der Glanz des Ereignisses ist nicht mehr dem Luxus zu verdanken, auch wenn, fast traditionell, das schneeweiße seidene Hochzeitskleid mit der über zehn Meter langen Schleppe bei mancher Betrachterin ganz ähnliche Sehnsuchtsseufzer provozieren kann wie die Robe der nunmehrigen Königin. Doch das Spektakuläre ist zu diesem Anlaß die eigenartig entrückte Geschichtlichkeit, die mit der eigentlichen Show gar nicht so richtig etwas zu tun bekommt. Der Neu-Star Diana heiratet sich in die Historie; soweit ist es den Kommentatoren und dem restlichen Publikum klar. Es wird Kronen geben und seltsame Titel, Formen und Gebräuche, die der Gegenwart fremd sind. Auch jetzt guckt man also in eine andere Welt, aber es ist nicht mehr die, nach der man sich sehnt. Die Traumprinzessin Elisabeth verspricht noch, ihren Schein auch auf die Zeitgenossen zu versprühen. Von der Traumprinzessin Diana wird etwas anderes erwartet. Sie soll Glanz bringen in die Traditionsecke.

Angebetet werden sie beide – erst recht nach ihrer Hochzeit. Die »Flitterwochen« werden für beide zu einer Bewährungsprobe. Elisabeth und Philip reisen wie später Diana und Charles erst nach Broadland, auf den Sitz der Mountbattens, und beide werden dort vom Interesse der Öffentlichkeit fast erdrückt. Beide werden bald ins Ausland reisen und auf ihren Touren die Gastländer verzaubern. Beide werden bald ihrer Pflicht nachkommen und schwanger werden. Soweit die Parallelen. Nur danach – danach wird alles ganz anders.

4. Das kalte Schweigen der
Wahlverwandtschaft – Konflikt

»Every institution that has so far attempted to use TV to popularise or aggrandise itself has been trivialised by it.«

»Jede Institution, die bislang versucht hat, sich durch das Fernsehen populärer oder größer zu machen, ist durch das Fernsehen trivialisiert worden.«

Der Fernsehkritiker Milton Shulman, sich im Evening Standard *an die Queen richtend, nach der Ausstrahlung der BBC-Dokumentation* »Royal Family«

»I was crying out for help, but giving all the wrong signals ...«

»Ich schrie um Hilfe, gab aber die falschen Signale ...«

Diana im »Panorama«-*Interview der BBC über die Anfangszeit ihrer Ehe mit Charles*

Das Telefon klingelt ununterbrochen in jener Nacht in Broadlands, bis irgendwann jemand das Fernmeldeamt davon überzeugen kann, einfach die Leitung abzuhängen. Am Sonntag beim Kirchbesuch in Romsey muß die Polizei eine Gasse schlagen, damit das frischverheiratete Paar überhaupt an die Kirche kommt. Draußen auf dem Friedhof stehen die Leute, die nicht hineingekommen sind, auf Trittleitern und Stühlen, um durch die Fenster einen Blick nach innen erhaschen zu können. Nach der Andacht stellen sich Pilger an, um mal kurz auf der Bank Platz nehmen zu dürfen, auf der eben noch Prinz und Prinzessin gesessen haben. An den Eingängen und in den Seitenstraßen von Broadlands, dem sogenannten »Rückzugsort« für die Flitterwochen, haben sich Menschenmassen so dauerhaft festgesetzt, daß die Polizei den Verkehr umleiten muß.

Mit der Belagerung des großzügig ummauerten Herrenhauses derer von Mountbatten, gelegen in Battenbergs heutigem Partnerstädtchen Romsey, einen Katzensprung nur von Southampton an der Südküste Englands, hat es eine eigenartige Bewandnis. Das Flitterwochengeschehen gibt es in Wiederholung. Das Bild des von Anhängern und Schaulustigen bewachten, begafften und bedrängten Paares paßt auf Elisabeth und Philip, und auf Diana und Charles paßt es drei Jahrzehnte später nochmal.

Es gibt zwar Unterschiede in den Details (die eingesetzte Technologie ist den Achtzigern fortgeschritten, und auch die Stimmung unter den Hochzeitsreisenden ist allem Anschein nach eine andere), die öffentliche Begeisterung aber hat den Wandel der Zeiten offenbar gut überstanden. Und was gleichgeblieben ist, das mag als kollektiver Wunsch nach einer Verzauberung gedeutet werden. Es werden Märchen erzählt in und um Broadlands, zu Elisabeths Zeiten genauso wie zu Dianas.

In Sachen Elisabeth bleibt den Berichterstattern auch kaum etwas anderes übrig. Es ist erstaunlich wenig bekannt über die junge Frau, die über Jahre hinweg vor der Öffentlichkeit versteckt worden ist, weggeschlossen in Windsor Castle. Man ist darauf angewiesen, einen Mythos aufzubauen aufgrund von legendären Gerüchten. Und das Interesse des Publikums verlangt nach immer neuen Geschichten aus dem Königshaus. Die Magazine mit den Bildern des Hochzeitstages, mit der Berichterstattung über das Geschehen in Romsey (und auch über jenes spätere in Birkhall, einer »Außenstelle« von Balmoral) verkaufen sich gewissermaßen von alleine.

Der Hof bestimmt, was und wie berichtet wird. Fotos werden zu offiziellen Terminen geschossen, Fragen werden in Schriftform dem Pressesekretär Seiner Majestät unterbreitet, Harmlosigkeiten werden gedruckt. Das Bild, das von der Prinzessin in den einschlägigen Frauenmagazinen gezeichnet wird, ist ein Phantasieprodukt – eine Mixtur aus den Ergüssen einer amateurhaften Imagepflege durch den Hof, aus den Erzählungen von Gästen oder Freunden und aus einem gehörigen Schuß freier literarischer Entfaltung. Mit devoter Pedanterie werden die Details der Prinzessinnen-Kleidung beschrieben, ebenso das Verhalten des sie jeweils begleitenden Corgis oder die Zahl der Koffer, die in einen Zug geladen werden, den die zukünftige Königin besteigt. In den Zeitungen ist nachzulesen, wo der Prinz welches Getränk zu sich nimmt, was die Prinzessin (angeblich) zu ihm am Morgen sagt, welche Schuhe sie einkaufen … Und jeder Blick, der von Augenpaar zu Augenpaar huscht, ist selbstverständlich ein verliebter. Schön soll alles sein, und so ist es dann eben auch.

Das Publikum scheint wie besessen von diesen Geschichten zu sein, von diesem endlosen Groschenroman, der anscheinend Wirklichkeit geworden ist. Die Prinzessin und ihr Prinz: Das ist das große Trostpflaster dieser Epoche, die Glanznummer in einer ansonsten zunehmend glanzarmen Zeit. Die Regierung hat Schwierigkeiten, gibt Kolonien ab, steckt Schläge aus dem Ausland ein. Aber der Staat als Idee, die nationale Größe an sich bleibt unangetastet: Schon weil sich das Königshaus in Schönheit, Kraft und Bestimmtheit präsentiert. Der König selbst ist zwar etwas ungesund, aber die Zukunft ist gesichert, das Versprechen auf bessere Zeiten gegeben.

In Diana und Charles sucht die Welt dieses Versprechen schon nicht mehr, obwohl auch diese Zeit für das Vereinigte Königreich keine angenehme ist: Der politische Streit um die revolutionär-konservativen Ideen der Premierministerin Thatcher ist in vollem Gange und ihr Ansehen tief in den Keller gesunken, die Gewerkschaften machen Drohgebärden, und die nordirischen Sektierer beider Seiten oktroyieren ihre Weltsicht der Restbevölkerung per Bombenkampagnen auf. In der Monarchie wird kein Aufrichten gesucht, sondern eine Ablenkung.

Auch über Diana gibt es Märchensammlungen: Wie sie ihren Tag verbringt, kann man in peinlichen Artikeln nachlesen, dazu welche Teesorte sie bevorzugt, welche Bücher sie liest (und welche er). Vor allem aber wird beobachtet (und zwar mit zunehmender Begeisterung), welche Kleidung sie trägt. Diana ist groß, schlank – sie hat die Figur eines Models. Insofern ist die ihr geschenkte Aufmerksamkeit nicht gerade überraschend; zumal traditionell die Frauen am Hofe immer zunächst an ihrem Aussehen gemessen werden – und erst in zweiter Linie an dem, was sie bei seltenen Gelegenheiten von sich geben dürfen. Trotzdem ist die Manie, mit der ihr tägliches *outfit* notiert und kommentiert wird, schlicht phänomenal. Diana wird schließlich nicht von Anfang an als »klassische« Schönheit gesehen. Die ersten Fotos des Teenagers an der Seite des Prinzen dokumentieren ein eher plumpes Auftreten. Ihr anfänglicher Sinn für Ästhetik und Stil zeigt sich deutlich durch ihre Herkunft gehandicapt: In Althorp, dem Sitz ihrer Jugend, haben die Spencers Teueres aus allen Epochen zu einem stilistischen Gemischtwarenladen wild zusammengeworfen. Diana weiß am Anfang schlicht nicht, was man wann wie anzieht. Das gibt sie später auch zu. Die Modejournale, die sich ihrer annehmen, verbiegen sich geradezu, um sich über die Prinzessin und ihren jeweils neuesten Farb-Fauxpas nicht lächerlich zu machen. Und geben, erst beiläufig, schließlich vor allem in Person der *Vogue*-Journalistin Anna Harvey, auch ganz unverblümt Hilfestellung beim Aufbau einer völlig neuen Garderobe.

Vielleicht ist es gerade ihre »Jungfräulichkeit« in Sachen Kleidung, die Diana zur Mode-Ikone werden läßt. In den Palast ist sie jedenfalls nur mit ein paar wenigen und schlecht ausgesuchten Stükken eingezogen. Die Modewelt darf die frischvermählte Prinzessin einkleiden, als handelte es sich um eine Barbie-Puppe; und Diana darf ihrerseits durch die Haute Couture-Geschäfte ziehen wie Alice durchs Wunderland. Das fasziniert die Mitwelt gewaltig. Vielleicht flößt aber auch ihr Mut den Zuschauern Respekt ein (oder ist es der Mut der Verzweiflung?), sich von der modischen Avantgarde vereinnahmen zu lassen. Nicht, daß Diana die wirklichen Extreme tragen würde, Laufstegmodelle aus Pfauenfedern oder Plastikschläuchen. Aber Dianas vielgelobte Kleidung kommt eben auch nicht von der Edelstange. Es sind Kreationen einer ganz bestimmten, sehr zeitnahen, prestigeträchtigen Designer-Generation, die durch Diana vorgeführt werden und zum Durchbruch gelangen. Für Diana, wird es später heißen, ist das Up-to-date-Sein anerkannter Teil ihrer als Prinzessin von Wales selbstgesetzten Aufgabe. Sie bringt »Glamour«, jubelt das Boulevard, Glanz und Anmut an den Königshof – und hier fühlt sie sich auch in die Pflicht genommen. Die Ablenkung wird jedenfalls dankbar aufgenommen; Diana ist die Antwort auf eine gesellschaftliche Sehnsucht. Für jenes, was in dem Model vor sich geht, interessiert man sich (noch) nicht.

Elisabeth ist nie in diese Situation gekommen – aus zweierlei Gründen. Zum einen ist ihre Garderobe zu keinem Zeitpunkt in irgendeiner Weise begrenzt gewesen: Für volle Schränke hatte schon die Geschenkwelle gesorgt, die die Geburt der Prinzessin am Königshof ausgelöst hatte. Zum anderen aber haben Mutter und Nanny dem Mädchen eine gewisse Bescheidenheit eingepaukt. Kleidung wird gewissenhaft und mit hohen Ansprüchen ausgewählt, aber nach konservativem Geschmack. Die erste Reihe des Zeitgeistes läßt man gerne andere besetzen.

Nichtsdestotrotz wird die junge Elisabeth in der Presse als »Glamour-Girl« bezeichnet, was mit Modefragen aber wenig zu tun haben muß. Für den Zeitgeschmack Ende der Vierziger ist Elisabeth schon von ihrer Erscheinung her eine ausnehmend schöne Frau. Sie hat zudem, wiederum im Sinne jener Zeit, einen bemerkenswert gut aussehenden Mann, der überdies als ebenso charmant und humorvoll gilt wie die Prinzessin selbst. In der sich langsam berappelnden britischen Nachkriegsgesellschaft umgibt sich das junge Paar – ganz ähnlich wie später Charles und Diana – mit anderem jungen Adel, aber eben auch mit den aufstrebenden Stars aus Theater und Film.

Man kennt sich, und man tanzt gerne bis spät in die Nacht hinein. Für die Öffentlichkeit ist das alles wie ein Traum: In der grauen Wirklichkeit der einfachen Untertanen kommen Bälle und Theaterabende noch nicht vor. Die Prinzessin vergnügt sich stellvertretend für ihre Generation; und die Zeitungen, die brav über Anlaß, Dauer und Art der Events berichten, tragen den Traum vom Wirklichkeit gewordenen Märchen durch das Land.

Und das Märchen läßt sich noch steigern: Als am 4. Juni 1948 die Botschaft verkündet wird, die Prinzessin sei schwanger, beginnt ein nicht abbrechender Strom von Geschenken in Buckingham Palace einzutreffen, als hänge von dieser Niederkunft das Überleben der Nation ab: selbstgehäkelte Babykleidung, Windeln, Storchenbilder, Milchfläschchen, sogar Medikamente. Die Zeitungen konkurrieren mit absurden »Experten-Meinungen« über die Zukunft des Kindes, sein wahrscheinliches Geschlecht und erwartbares Schicksal. Tausende harren am 14. November vor dem Palast aus, bis am Abend kurz nach neun die Geburt eines Thronfolgers zu proklamieren ist – mit Kirchenglocken und königlichen Ausrufern. Bis nach Mitternacht lassen die Massen den Säugling, zunächst nur »Baby Edinburgh« genannt, hochleben. Das Glücksgefühl will kein Ende nehmen. Alles wie bestellt in Buckingham Palace: Ehe geschlossen, Sohn geboren, Dynastie gesichert.

Williams Geburt ruft ähnliche Reaktionen hervor wie die seines Vaters Jahre zuvor, allenfalls abzüglich der öffentlichen Straßenfeste. Die Ahnenforscher zeigen sich tief beglückt über die Fortpflanzung der jungen Windsorschen Linie, und zumindest die konservative Presse stimmt gerne in dynastische Loblieder ein. Der Rest der Öffentlichkeit begnügt sich mit detailversessenen Beschreibungen der Idylle der jungen Familie. Prinz Charles wird als freiwilliger Windelwechsler porträtiert, die schöne Diana als erschöpfte, aber glückliche Mutter. Man ist – nach den ersten Monaten in Buckingham Palace – endlich in eigene Apartments im Kensington Palace eingezogen; in Highgrove, dem von Charles geliebten Landsitz, wird noch renoviert.

Das ist das Bild, das von der Ehe der Waleses nach außen dringt. Es entspricht, wie man weiß, nicht der Realität, aber das ist in diesem Augenblick noch nicht von Bedeutung. Es ist das Bild, das alle sehen wollen und dementsprechend zu sehen bekommen: »Wie war der *Honeymoon?*« »Eine zauberhafte Angelegenheit«, antworten die Zeitungen. »Der erste öffentliche Auftritt in Wales, der Antrittsbesuch?« »Ein großartiger Erfolg, vor allem für die Prinzessin, die im übrigen ja sehr, sehr schlank geworden ist. Toll ist das Ganze, und auch Charles lächelt so glücklich.«

Im Inneren des Märchens, hinter den Fassaden der Inszenierung, müssen es die Windsors ziemlich schnell bemerkt haben: Die Ankunft Dianas im Alltag der »Firma Windsor« hat ein Problem geschaffen; oder, wie andere später sagen werden: ein Problem aufgedeckt, das es schon immer gab. Die junge Traumprinzessin wird mit ihrer neuen Rolle nicht fertig und mit der Wahlverwandtschaft noch viel weniger. Der Palast wirkt auf sie wie aus Kristall – glänzend und kalt. Die Beziehung zwischen dem steifen, trockenen, kontaktarmen Charles und dem aufgeregten, naiven Teenager funktioniert nicht. »Er hört Musik und sie Duran Duran«, spottet einer der Freunde schon am Anfang der Ehe. Es gibt tiefergehende Vorwürfe gegen Charles, vor allem aus dem späteren Diana-Camp: Er habe sie von Anfang an betrogen, durch eine eiskalt arrangierte Hochzeit – und mit Camilla Parker-Bowles natürlich.

Es ist heute bekannt und unumstritten, daß Diana eine ausgewachsene Bulimie entwickelte, und dies vermutlich schon in den Wochen vor dem aufregenden Jawort. Sie frißt in sich hinein und erbricht sich danach. Bulimie ist, wie alle Eßstörungen, ein komplexes Phänomen, das sich einfachen Erklärungen verweigert, was die Zeitgenossen allerdings nicht davon abgehalten hat, sie im Falle Dianas einfach zu erklären. Bulimie ist auch, wie man heute sagen würde, eine »politische« Angelegenheit. Die feministische Psychologin Susie Orbach, die ab 1993 zu einer der tonangebenden Leitfiguren für Diana werden wird, hat die mit der Magersucht verwandte Krankheit, von der fast ausschließlich Frauen betroffen sind, als Folgeerscheinung männlicher Repression beschrieben: Die Frau, deren Gefühle nicht erwidert werden beziehungsweise deren Gefühlen kein Platz gelassen wird, richtet sich gegen sich selbst. Mit dem Versuch, den Körper zu kontrollieren, erhofft sich die gepeinigte Seele, auch ihren Gefühlsstau bändigen zu können. »Die rigorose Disziplin, der sie ihren Körper unterstellt, ist Teil des Versuchs, sich selbst ein emotionales Leben zu verweigern«, heißt es in Orbachs Buch *Hunger Strike* von 1988. Es gibt andere Erklärungsmodelle für Bulimie, die von Feministinnen als patriarchalische Versuche zurückgewiesen werden, von dem zugrundeliegenden gesellschaftlichen und geschlechtlichen Konflikt abzulenken. Bulimie hat aber offenbar auch rein physiologische Ursachen; und es gibt genetische Bedingungen, die diese Art der Eßstörung begünstigen. Dianas Schwester Sarah hat bulimische Zeiten hinter sich gebracht – übrigens auch, vielleicht eher ein Zufall, während ihrer Verbindung zu Charles.

Es ist, vermutlich, nicht das falsche Gen, es ist kein dummes Virus, es ist nicht die reine feministische Theorie. Die Wirklichkeit ist meist komplizierter, als es interessegeleiteten Parteien gefallen mag. Doch man muß weder parteiisch noch wissenschaftlich ausgebildet sein, um die Grundzüge dieses »Spielplatzes für Psychologen« nachzeichnen zu können, wie der Journalist Chris Hutchins Dianas Seelenleben umschrieben hat: Diana fühlt sich ungeliebt, unverstanden und emotional zurückgewiesen, als sie Zuwendung, Hilfestellung und Halt sucht. Sie richtet sich deshalb gegen sich selbst, wird bulimisch, entwickelt postnatale Depressionen und eine rasende Eifersucht gegen Camilla Parker-Bowles (und später auch gegenüber allen anderen Freunden von Charles). Als die Situation sich verschlimmert, wird sie sich selbst angreifen – mit Glas, einem Zitronenschneider, einem Taschenmesser.

Die Queen selbst hat etwas davon mitbekommen. Diana ist mit William schwanger, als sie sich im Januar 1983 nach einem besonders tränenreichen Streit mit Charles die Treppe hinunterstürzt. Es ist kein ernsthafter Selbstmordversuch, sondern ein nahezu typischer Aufschrei der Seele. Die erste am Ort des Geschehens, so berichtet zumindest Andrew Morton, ist die Königin, die sich erschrocken zeigt, aber hilflos. Die Schwiegermutter verhält sich wie eine Passantin. Als delegierendes Familienoberhaupt kümmert sie sich darum, daß der Leibarzt sich der jungen Frau annimmt. Aber auf die junge Frau zugehen, ihr Verständnis oder Anteilnahme zukommen lassen, um eine Idee davon zu entwickeln, warum sie gestürzt ist?

Die Nachwelt, in Diana verliebt, fühlt sich immer noch durch die perfekte Königin verraten: zumal ja die Folgen bekannt sind. Das Auseinanderfallen der Traumehe am Königshof ist keine private Angelegenheit geblieben, es hat das Königshaus mindestens so hart getroffen wie die beiden Menschen selbst. Der Krieg der Wales' wird in aller Öffentlichkeit ausgetragen werden, wenn sich die Kranke erst einmal aus ihrer pathologischen Zwangsjacke befreit hat. Hätte nicht die Königin selbst ihrem Sohn ins Gewissen reden können? Man weiß, daß sie von der Liaison mit Camilla wußte und sie diese nicht befürwortete. Hätte sie nicht auf den eindeutigen Hilfeschrei ihrer verwirrten Schwiegertochter reagieren können? Hätte sie sich nicht mit Diana beschäftigen, ihr helfen können? Hätte sie nicht das Traumpaar – inklusive der Träume ihrer Untertanen – vor der katastrophalen Enttäuschung retten können? Sie hat es nicht getan, und sie hätte es auch nicht gekonnt.

Am 31. August 1997 erscheint in einem der hinteren Teile der *Sunday Times* – auf der Titelseite prangt bereits die Nachricht vom Tod Dianas in Paris – ein bemerkenswerter Artikel. Es ist die letzte Wortmeldung vor der unmittelbar einsetzenden postumen Heiligsprechung der Prinzessin. In *Diana auf der Couch* untersucht Oliver James die psychologischen Bruchlinien und den seelischen Zustand der Prinzessin – und weil er meint, daß dies dazugehöre, analysiert er aus der Ferne die Königin selbst, samt Königinmutter und der Herzogin von York, Sarah Ferguson, genannt »Fergie«.

Auch die Königin, so die einigermaßen überraschende These, ist krank. Sie leidet, so behauptet James, unter einer *Obsessive Compulsive Disorder* (OCD). Als Beleg für die Zwanghaftigkeit im Leben der Queen dienen Oliver James die Erzählungen aus ihrer Kindheit. Was Crawfie in ihrem Buch *The little Princesses* scheinbar harmlos schildert, spricht für den Psychologen Bände. Das allabendliche Sortieren, Putzen und Ordnen der verschiedenen Pferde-Modelle vor dem Kinderzimmer, das immer wiederholte Ritual, die Schuhe sauber und rechtwinklig ausgerichtet unter den Stuhl zu stellen, auf dem die Kleider sauber gefaltet sind: Eine solche Ordnungsliebe, von Crawfie als niedliche Eigenart des Kindes beschrieben, ist für James das Zeichen einer tiefen psychologischen Störung. Und auch Motive liefert die Überlieferung aus der Kindheit in ausreichendem Maße: Die kleine Prinzessin ist früh und häufig von ihren Eltern getrennt worden, und sie hat Zuneigung nur dann erfahren, wenn es ihren Erziehern in den Terminplan paßte. Wie bereits beschrieben, führte Elisabeths erste Ansprechpartnerin, das Kindermädchen Alla Knight, ein hartes Regiment in 145 Piccadilly und später auch in Buckingham

Palace. Das drückte sich nicht nur in dem Zwang aus, zu bestimmten Zeiten auf dem Topf zu sitzen. Elisabeth lernt auch in ihrer Kindheit, daß sie Zuneigung nur erhält, wenn sie es schafft, das Erwartete perfekt zu erfüllen, die Regeln perfekt einzuhalten.

Für James ist es insofern kein Wunder, daß Elisabeth so früh und eindeutig dem Charme des griechischen Prinzen verfällt (sie kann sich von einer einmal getroffenen Entscheidung nicht lösen), und daß sie über ihr ganzes Leben hinweg Schwierigkeiten haben wird, auch in ihrer engsten Umgebung über persönliche Dinge zu sprechen oder Emotionales in Worte zu fassen. Ihre Reaktion auf Dianas Hilflosigkeit wäre demnach ebenso typisch wie vorhersehbar: Elisabeth kann nichts weiter tun, als sich vor dem Konflikt zurückziehen, und sie tut, als sei nichts gewesen. Sie hofft wohl insgeheim, daß die ihr nachfolgende Generation dieselben Strategien entwickeln wird, die die britische Monarchie nicht nur haben überleben lassen, sondern geradezu zu ihrem Markenzeichen geworden sind: So tun, als wäre alles prächtig, und sich so verhalten, wie die Öffentlichkeit, die Tradition oder die Umstände es verlangen. Folgt man James – und es spricht wenig gegen seine These –, so hätte Elisabeth nicht, wie ihre Gegner vermuten, eine kaltschnäuzige und herzlose Kampagne oder gar ein Komplott gegen Diana angeführt – sie hätte vielmehr tatsächlich Angst gehabt, sich mit der unerwarteten Situation auseinanderzusetzen. Angst gehabt, einmal etwas zu sagen, was ihr und damit der Monarchie Ärger eingebracht hätte.

Im Grunde genommen – und das ist erstaunlich genug – ist Elisabeth damit nicht weit entfernt von Diana. Beiden ist ja gleich, daß sie auf Probleme gerne mit Rückzug reagieren. Was hat Diana als Kind getan, als ihre Mutter das Haus verließ? Sie hat aufgeräumt, hat ihrem Bruder geholfen, ist noch stiller und braver geworden. Wie hat Elisabeth als kleines Mädchen reagiert, als ihr geliebter Großvater starb: Sie hat höflich bei der Gouvernante nachgefragt, ob es akzeptabel sei, jetzt noch ein wenig zu spielen. Es gibt aber einen entscheidenden Unterschied. Für Diana stellten die Rückzüge aus ihren Lebenswirklichkeiten und ihre Passivität keinen wirklichen Ausweg dar. Dianas Seelenleben ist labil geblieben, ganz gleich, wie weit und wie oft sie vor den Realitäten geflohen ist. Elisabeth dagegen hat in diesem Verhalten eine Überlebensstrategie gefunden und beibehalten – ein wichtiges Instrument in einem von ständiger Beobachtung gekennzeichneten Leben. Und genau dieses Instrument kommt erneut zum Einsatz, als Elisabeth die psychologischen Schwierigkeiten ihrer Schwiegertochter nicht begreifen und akzeptieren kann, sondern als vorübergehende Folgen dummer Egozentrik verwirft. Denn Elisabeth hat zu diesem Zeitpunkt bereits ein Leben hinter sich, das sie gelehrt hat, im Dienst an der Sache, in der Vernachlässigung des Persönlichen zugunsten des Protokollarischen Erfüllung zu finden.

Das Glück eines privaten, von persönlichen Träumen geprägten Lebens ist für Elisabeth nur eine vorübergehende Episode geblieben. Die ersten fünf Jahre nach der Traumhochzeit verbringt sie mit Philip in einem gewissermaßen halboffiziellen Dasein. In London lebt das Paar seit Juni 1949 (eineinhalb Jahre nach der Hochzeit) im frisch renovierten Clarence House, das später Sitz der Königinmutter werden soll. Im Oktober schon geht Philip auf die Mittelmeerinsel Malta, wohin ihn auch Elisabeth monatsweise begleiten wird. Der Prinz führt, auf sehr eigenen Wunsch, dort das Kommando auf verschiedenen Schiffen der Königlichen Marine, bevor er Mitte 1951 wieder nach London zurückbeordert wird. Die Monate auf Malta, wo auch Prinzessin Anne geboren wird, darf später von autorisierten Biographen als die privateste, vielleicht daher auch glücklichste Zeit Elisabeths bezeichnet werden. Im Kreise der Offiziersgattinnen führt sie ein annähernd normales Leben, in dem sie die Bedingungen einer quasibürgerlichen Existenz zumindest gut beobachten kann.

Doch die Zeit der Freiheit ist kurz. Zunehmende Pflichten innerhalb der Königlichen Familie lassen sich mit Philips Dienst auf See schon bald nicht mehr vereinbaren. Der Gesundheitszustand des Königs wirft seinen Schatten auf das junge Lebensglück der Prinzessin. Georg VI. leidet unter Arteriosklerose: Langjähriges Rauchen hat das Bein lahmgelegt und die Lunge beschädigt; ständig besteht Lebensgefahr aufgrund von Thrombosen. Im September 1951 diagnostizieren die Ärzte einen Tumor. Niemand erfährt etwas davon, auch der König nicht; allein Winston Churchill weiß Bescheid, weil sein Leibarzt die tatsächliche Diagnose zwischen den Zeilen der ärztlichen Communiqués herauszulesen weiß. Das öffentliche und repräsentative Leben Georgs VI., obwohl erst 56 Jahre alt, ist vorbei; Elisabeth und Philip wird aufgetragen, die Reisetätigkeiten des Königs zu übernehmen. Von nun an steht Elisabeth in der Pflicht dieses Königshauses. Von nun wird sie aus dem Blickfeld der Öffentlichkeit ebensowenig verschwinden können wie aus dem Dickicht des höfischen Regelwerkes, das man Protokoll nennt.

1952 soll das Paar eine offizielle Reise unternehmen: Nach Australien und Neuseeland soll es gehen, um dort nach zwanzig Jahren wieder Flagge zu zeigen. Zunächst aber landen Elisabeth und Philip in Kenia, um auf dieser ersten Etappe eine dem Paar zur Hochzeit geschenkte Jagdhütte namens »Sagana Lodge« zu besuchen. In der Morgendämmerung des 6. Februar, so geht die Legende, sitzt Prinzessin Elisabeth deshalb fern jeglicher Zivilisation in der Krone eines riesigen Feigenbaumes am Rande einer Safari-Station, des »Treetops Hotel«, in dem die Reisegesellschaft die Nacht verbracht hat. Mit dem persönlichen Assistenten und alten Freund ihres Mannes, Mike Parker, erlebt sie zu dieser frühen Stunde die Stille des Tagesanbruchs inmitten der afrikanischen Wildnis. Sie beobachten, so wird Parker später beschreiben, wie ein einsamer Adler majestätisch seine Kreise am Himmel zieht, als im fernen London Elisabeths Vater stirbt, König Georg VI.

Erst am nächsten Tag – ein begleitender Journalist schnappt die Meldung eher zufällig am Radio auf – erreicht die Nachricht die kleine Reisegesellschaft. Um 14.45 Uhr Ortszeit erfährt Elisabeth, daß ihr Vater gestorben und sie am Nachmittag in der Heimat – das erste Mal seit Georg I. *in absentia* – zur Königin ausgerufen werde. Als die neue Queen Elisabeth II., immer noch in Jeans, Sagana Lodge verläßt, steht die anwesende Journalistengruppe schweigend Spalier. Der Privatsekretär Elisabeths, Martin Charteris, hatte darum gebeten, keine Fotos zu schießen. Niemand fotografiert.

Was nicht heißt, daß es aus jenen Tagen einen Mangel an belichtetem Material gäbe. Elisabeth wird fotografiert, als sie in Heathrow aus dem Flugzeug steigt, als ihr Churchill, der noch einmal Premier geworden ist, am Fuße der Treppe schweigend die Hand küßt und sich verneigt. In den Zeitungen ist zu sehen, wie Elisabeth mit ernstem Gesicht im Auto sitzt, wie sie aus dem Wagen steigt, wie sie hier und dort in Eingängen verschwindet und aus Ausgängen kommt. Die Nation, angesichts des Verlustes des »lieben Georg« kollektiv mit Tränen in den Augen, tröstet sich mit dem Gedanken an die junge Königin und versinkt derart in ein Bildermeer, daß kri-

tische Geister schon vom Aufkommen einer merkwürdigen Art
»royaler Religion« schreiben, einem kollektiven Urglauben an recht
übersinnliche Kräfte, die der neuen Königin zur Verfügung stehen
sollen. Das starre Gesicht der jungen, attraktiven Königin begeistert
aber weit über stramme Monarchisten-Kreise hinaus. Auch der Rest
der Welt findet es schließlich aufregend und rührend und schön,
daß so eine junge und zierliche Frau zur Königin eines *Empires* geworden ist.

Im Vorfeld der eigentlichen Krönungsfeierlichkeit, die am 2. Juni
1953 in der Westminster Abbey stattfindet, wird Großbritannien von
einem Fieber ergriffen. Die Vorbereitung des Spektakels hält die
halbe Bevölkerung und das ganze Königshaus monatelang in Atem
und wird dementsprechend ausführlich in der Öffentlichkeit diskutiert. Hochinteressiert verfolgt eben jene die Auseinandersetzungen
von Historikern und Politikern um den neuen Titel der neuen Königin (die nicht mehr über die Kronkolonien, sondern nunmehr über
die Übersee-Territorien wachen soll und als Kopf des Commonwealth berufen wird) – ebenso wie das emotionalere Gefecht um den
Familiennamen, den das neue Königshaus tragen soll. Strenggenom-
men müßte die Linie nach Ehemann Philip nunmehr Mountbatten
heißen. Aber der halbe Hofstaat ist ebenso wie die Regierung dagegen, und so ernennt Elisabeth – in staatlicher Pflichterfüllung – die
Familie zu zukünftigen Windsors. Ihr Gatte, so berichten Insider, ist
darüber geradezu entsetzt. Für Elisabeth aber geht die Staatsräson
vor den Ehefrieden. Jetzt, in Zukunft und für alle Zeiten.

Das Krönungsfest ist, trotz aller Prachtentfaltung und Huldigung,
eine Manifestation eben dieses Gedankens. Elisabeth wird nicht nur
in einer endlos verschachtelten Zeremonie gesalbt, sie wird auch
zum Altar geführt wie eine Opfergabe. Die junge Königin wird
nicht nur »erhöht«, sie wird auch unterworfen. Die private und persönliche Existenz der Elisabeth Windsor wird zugunsten des allum-
fassenden Versprechens aufgehoben, lebenslänglich, gerecht und
weise über ihr Volk zu herrschen. Elisabeth wird zu Elisabeth II.: Ein
Mensch wird zu Geschichte.

Die Krönung ist 1953 ein Ereignis der herausragenden Art. Das
liegt einerseits an der halben Million Menschen, die – zum Teil für
zwei bis drei Tage – auf den Londoner Straßen übernachtet haben,
um die Prozession der 27 Kutschen und 13 000 Soldaten nicht zu ver-

passen. Viel stärker aber wird das monarchische Spektakel zu einem Epochenereignis, weil das stundenlange Ritual in der Abbey erstmals im Fernsehen gezeigt wird. Es hat lange Diskussionen darum gegeben, ob man nach der Freiluftprozession auch das Geschehen in der Kirche der Außenwelt darbieten sollte. Und Prinz Philip, der sich um die Organisation des Ganzen kümmern sollte, war ebenso dagegen wie die Königin selbst. Aber am Ende war es der Druck der Straße, der Medien und sogar des Parlaments, der den BBC-Kameras Eingang in die Kirche verschaffte. Um »die Öffentlichkeit nicht zu enttäuschen«, wird der Fernsehübertragung durch das Kabinett zugestimmt. Es gibt zwar ein paar *caveats*: Einige heilige, persönliche Rituale dürfen nicht gefilmt werden – aber das ändert nichts an der grundlegenden Revolution. Erstmals ist die Monarchie während einer ihrer »besten« Stunden nicht nur für ein eingeweihtes Publikum zu genießen, sondern für die breite Masse der Untertanen. Die Zahl der Fernsehgeräte im Königreich verdoppelt sich binnen Wochen auf drei Millionen. Über die Hälfte der Briten – 27 Millionen, so die Schätzungen – haben am Ende in überfüllten Wohnzimmern, in Rathaussälen und Schulturnhallen die Übertragung verfolgt, weitere Millionen in Deutschland, den USA, in Frankreich und den Niederlanden. Was sich verändert an diesem Tag der Rituale, ist mehr als nur das öffentliche Bild der Monarchie. Es ist ihre Ikonographie, ihre Zeichensprache. Von nun an wird Königtum nicht mehr als Text und gesprochenes Gerücht allein, sondern in bewegten Bildern erlebt.

Schon damals hat es deswegen, wenig überraschend, Kritiker gegeben: Das Fernsehen könne die von Bagehot beschworene und überlebensnotwendige »magische« Distanz des Königshauses zerstören – und damit die Wirksamkeit der Monarchie überhaupt. Was die Kritiker nicht bedenken konnten, weil das Medium noch in den Kinderschuhen steckte, gilt heute als Allgemeinplatz: Fernsehen verspricht nur eine Nähe, die es aber in Wirklichkeit nicht liefern kann. Es gibt vor, das Wirkliche abzubilden, und sendet doch nur einen kleinen Ausschnitt der Realität in zwei lächerlichen Dimensionen.

Elisabeth hat zu ihren Zeiten das Fernsehen noch relativ problemlos in den Griff bekommen: Es wurden Absprachen getroffen, was wann wo aufzunehmen sei – und die Absprachen wurden natürlich eingehalten. Jahrzehnte später hat Diana ganz andere, individuellere und psychologischere Kompetenzen entwickeln müssen, um ihr Abbild in den elektronischen Medien zu positionieren. Erfolgreich war sie aber damit vielleicht noch viel mehr als Elisabeth. Sosehr die Reporter sie auch verfolgten, sowenig die Kameraleute und die Paparazzi mit dem Palast getroffene Absprachen auch einhielten, solange ist ihr doch die Öffentlichkeit im Grunde nicht nahegekommen. Die Fassade hat schließlich gehalten. Über Jahre hinweg hat die Welt angenommen, es sei zwar vielleicht keine einfache Ehe, die Charles und Diana miteinander führten. Aber daß die Prinzessin jahrelang krank gewesen ist, daß sie sich in der Abgeschiedenheit des Palastes am liebsten erbrach, wenn sie nicht gerade weinte, das ist erst herausgekommen, als die Sache eigentlich schon vorbei war.

Wer hat da gelogen? Die Bilder? Oder der Palast mit seinen antikommunikativen Pressesprechern? Vielleicht ist es gerade die Krankheit Dianas gewesen, die mitgeholfen hat, die Fassade aufrechtzuerhalten – den Bildermachern ebenso gegenüber wie den Privatsekretären und Pressesprechern. Bulimie zeigt sich nicht nach außen. Das Ganze ist quasi von Natur aus eine intime Angelegenheit, die man, anders als *Anorexia nervosa*, nicht gleich an physiologischen Veränderungen bemerken muß. Diana wird nicht dünn und dünner, sondern wirkt »nur«, eine Folge des Vitaminmangels, ständig etwas erschöpft. Es gibt Zeiten, in denen sie Gewicht verliert: Das berühmte Hochzeitskleid ist ihr am Altar schon zu weit, weil sie in den Tagen und Wochen zuvor einige Zentimeter von sich gelassen hat. Charles hat sie als »chubby« bezeichnet, als »etwas rund«, und Diana hat das prompt als Aufforderung empfunden: Ihr Körper muß perfekt sein, er ist schließlich das einzige, was sie mitzubringen hat in ihre Ehe. Eine perfekte Figur, einen schönen Hals – und immer alles so in Stellung bringen, wie ihre Anhänger, die sich bei jeder Gelegenheit massenhaft zusammenfinden, es zu sehen wünschen.

Das Mißverständnis ist in den Monaten vor und nach der Hochzeit groß und verwirrt beide: Diana weiß nicht, worunter sie da leidet und auch nicht, daß ihre Ehe von Anfang an zum Scheitern verurteilt ist. Aber auch Charles weiß das nicht. Sie streiten sich hin und wieder, sicher, und irgendwie ist die Frischvermählte krank und übergibt sich häufig und ißt sehr viel. Aber das mag ja vorübergehen: Die Aufregung, die Veränderungen, die ständige Aufmerksamkeit der Öffentlichkeit – es ist ja durchaus zu erwarten, daß einmal bessere Zeiten kommen werden.

Prinz Philip – in seiner Nebenrolle an der Seite der Queen durchaus mit Diana vergleichbar – hat auch zweimal solche Phasen durchgemacht. Mit dem Einzug in Buckingham Palace 1947 hatte sich zunächst der Formalismus des Hofes wie Zement auf den Prinzen gelegt, der doch bis dahin als unkonventioneller Denker galt, als verarmter Bohemien. Später, als seine Frau über Nacht zur Königin wurde, mußte er sich noch einmal in eine neue Rolle einfinden, die seiner durch und durch »männlichen« Persönlichkeit nun gar nicht mehr entsprach. Er hatte überdies den Verlust seines Familiennamens hinzunehmen, was ihn zu der bitteren Bemerkung veranlaßte, er fühle sich unnütz »wie eine Amöbe«. Wie eine Generation später Diana auch fühlte sich der griechische Prinz anfangs gar nicht wohl in diesem angeheirateten Ensemble.

Aber es gibt eben doch einen Unterschied – die Zeiten sind andere: Als Philip 1947 nach der Hochzeit einen Schreibtisch-Job als »Director of Operations« in der Admiralität in Whitehall annimmt, kann er morgens zu Fuß ins Büro gehen. Die Passanten mögen überrascht stehenbleiben oder, in spontaner Ehrerbietung, den Hut lüpfen, aber die Journalisten und die Fotografen geben sich damit zufrieden, ihn allein am allerersten Arbeitstag zu belästigen. Philip mag Unzufriedenheit bekunden, aber man läßt ihn auch. Die öffentliche Rolle der Monarchie wird davon nicht erschüttert, weil die Medien und ihre Leser bereit sind, das glanzvolle Theater als solches aufzufassen.

Die Ursachen der Schwierigkeiten Dianas werden nicht im Inneren des Palastes gesucht, sondern außerhalb davon. Nicht nur für Königin Elisabeth, Schwiegermutter und »Firmenchefin«, ist es allzu naheliegend, daß der Streß für das Leiden Dianas verantwortlich ist: das mediale Ausgesetztsein, der stetige Aufmarsch der Fotografen, die Bedrängung durch die Öffentlichkeit. Diana ist schließlich schon durch London verfolgt worden, als von einer Verlobung noch gar nicht die Rede sein konnte. Seit der Hochzeit ist ihre Bewegungsfreiheit praktisch aufgehoben. Allenfalls schafft sie es, abends geheim in einem anonymen Auto »auszubrechen« und ein wenig durch die Stadt zu fahren oder an einen Strand an die Südküste Englands, um frische Luft zu schnappen und Normalität zu atmen. Dann sind nur ihre Leibwächter dabei. Sonst aber wird jeder Schritt von den Linsen der Fotografen verfolgt und von den Reportern notiert.

Die Queen sieht sich zu einem ungewöhnlichen Schritt veranlaßt. Durch ihren Pressesprecher, Michael Shea, läßt sie die Chefredakteure der nationalen Presse zum Tee laden. Alle kommen, bis auf Kelvin MacKenzie, der skrupelloseste der schreibenden Zunft und für den Medienmogul Rupert Murdoch bei der *Sun*. Elisabeth unterhält sich persönlich mit den Journalisten – ein Novum in der Geschichte des Königshauses – und bittet inständig um etwas Rücksicht auf die junge Prinzessin, um etwas mehr Abstand. Barry Askew, MacKenzies Gegenüber bei der Sonntagsschwester der *Sun*, der *News of the World*, argumentiert dagegen: Warum denn die Prinzessin von Wales, wenn sie so um ihre Privatsphäre besorgt sei, hinausgehen würde aus dem Palast und ihre Süßigkeiten im Supermarkt kaufe? Sie könne doch auch einen Diener schicken. Die Queen ist entsetzt: Eine »pompöse Bemerkung« sei das, weist sie ihren Untertan zurecht.

Doch die Bemerkung ist nur so pompös wie die Erwartungen, die die Boulevardmedien als Sprachrohre (und Manipulatoren) der öffentlichen Meinung mittlerweile an die Königliche Familie stellen: Das Volk finanziert diesen Leuten ein luxuriöses Leben, so lautet das Argument, also muß das Volk auch dabei zugucken dürfen, wie diese Leute ihren Alltag gestalten. Die Monarchie ist in den Achtzigern eine angenehme Volksbelustigung, keine notwendige Herrschaftsform. Die Ehrfurcht vor dem Hof ist verschwunden und allenfalls als Restbestand im Respekt vor Elisabeth vorhanden. Barry Askew berührt freilich einen Punkt, der die Königin dieser Tage womöglich selbst schon beschäftigt: Ist Diana gänzlich unschuldig daran, daß jeder ihrer Schritte verfolgt wird? Läßt sie es überhaupt zu, daß die öffentliche Affäre eine Abkühlung erfährt?

Schon die ersten Fotos von Diana als »Kindergärtnerin« verraten etwas von einer leichten, unterschwelligen Kumpanei. Da lächelt sie schamhaft in die Kameras, ganz kurz, bevor sie sich umdreht und entflieht. Die Situation hat etwas schizophrenes, etwas ambivalentes, etwas doppeldeutiges. Diana ist sich ihrer Auftritte nicht sicher, und doch versucht sie, möglichst gut auszusehen. Sie haßt es, verfolgt zu werden, aber sie braucht die Bewunderung, die sich in der

Inflation der abgedruckten Bilder niederschlägt. Diana liebt ihren eigenen Körper nicht, aber sie liebt es, aus den Medien zu erfahren, für wie schön sie gehalten wird. Sie fürchtet öffentliche Auftritte, vor allem, wenn sie selbst etwas sagen muß. Aber es ist ganz offenkundig, daß sie die Anbetung der Massen und das Bad in der Menge genießt. Sie sind ein Trostpflaster für die junge Frau, die sich so einsam wähnt. Ein bitteres Trostpflaster, um Janis Joplin zu zitieren: »Du machst Liebe auf der Bühne mit 5 000 Leuten, und nachher gehst Du alleine nach Hause.«

Noch bitterer wird das Ganze, wenn sich plötzlich die 5000 Zuschauer der Liebe verweigern. Es ist eines der typischen Rituale der Postmoderne: Einen Star, den man selbst geschaffen hat, wieder zu zerstören. Schon Ende 1982 beginnt der Stern der schönen Diana in der Presse zu sinken – erstmals, muß man hinzufügen. Das Auf und Ab ihrer Beliebtheit wird von nun an zur anhaltenden Achterbahnfahrt. Sie sei blasiert, gelangweilt und vertreibe sich die Zeit hauptsächlich mit Shopping, liest man plötzlich über die Traumprinzessin des Vorjahres. Ihre Einkaufstouren durch das Nobel-Kaufhaus Harvey Nichols und die Haute Couture-Nachbarschaft in Knightsbridge werden zur Legende, unter der Überschrift: »Verwöhnte Göre«.

Und dann setzen die Gerüchte ein. Man kann schließlich nicht immer das Gleiche schreiben, man braucht neuen Stoff. Die Zahl der Koffer, die Details der Dianadamenoberbekleidung sind diskutiert, gedruckt, erneut diskutiert und wieder gedruckt worden. Nun gilt es, weitere Zeichen und Indizien auszuleuchten. So ist zum Beispiel aufgefallen, daß Diana dünn geworden ist. Irgend jemand hat darüber geplaudert, daß sie des Abends noch eine Portion Vanillepudding bestellt habe – nach einem guten Essen, bei dem sie ein großes Steak vertilgt hat. Ein Experte legt nahe, daß sie unter *Anorexia nervosa* leiden könnte. Der Prinz sei sehr besorgt, schreiben die einen, Diana würde einen nicht sehr vorteilhaften Einfluß auf ihn haben, wissen andere. »Und haben Sie es schon gehört? Prinz Charles wird Vegetarier! Was hat Diana damit zu tun? Beugt er sich ihren verrückten Ideen? Ist das alles noch gut so?«

Die Gerüchte werden zu Zeitungskampagnen gemacht. Die Ehe und ihre Umstände werden bis ins Detail seziert, analysiert, diagnostiziert. Jede Kopfwendung wird mit einem Sinngehalt versorgt.

Daß Diana und Charles so heftig darum kämpfen, daß die Fassade erhalten bleibt, mag längst keine kalte Berechnung mehr sein oder eine masochistische Auffassung von den Notwendigkeiten monarchischen Verhaltens. Diana wird später zugeben, daß sie den Kontakt mit ihren alten Freunden für eine Weile habe ruhen lassen, weil sie sich davor gefürchtet habe, deren Eindruck von der Märchenhochzeit zu zerstören. Noch viel eher aber dürfte sie geahnt haben, daß jeder Mißton sich weiter herumsprechen und als eine Einladung verstanden werden würde, die Jagd auf ein kleines Stück neuer Erkenntnis auszuweiten. Bis etwa 1987, immerhin sechs Jahre, schafft es Diana, jene tiefe Krise, in der sie und ihre Ehe stecken, nicht wirklich bekanntwerden zu lassen.

Obwohl es, im Nachhinein betrachtet, den späteren Konflikt vermutlich verstärkt hat: Elisabeth ist dieses Verhalten zweifellos entgegengekommen. Als sich nach der sehr erfolgreichen Reise des Prinzenpaares nach Australien 1983 die Dinge etwas beruhigen, rückt Dianas etwas ungeschliffenes und unberechenbares Verhalten aus dem unmittelbaren Sichtfeld der Monarchin. Elisabeth muß geglaubt haben, daß sich die Dinge doch noch einrichten ließen; Charles und Diana würden sich mit der Zeit schon zusammenraufen. Und aus Elisabeths Sicht sprach auch so gut wie nichts dagegen, noch nicht einmal die offenbar anhaltenden, aber streng geheimen Affären des Prinzen mit Camilla Parker-Bowles und Lady Dale Elisabeth Tryon, besser bekannt als »Kanga«. In der (männlich dominierten) Geschichte des Königshauses sind solche »auswärtigen Beziehungen« schließlich nichts ungewöhnliches. Edward VII., der älteste Sohn Victorias, hat neben seiner Frau, Königin Alexandra von Dänemark, eine ganze Reihe von Mätressen gehabt. Alexandra hat dagegen angeblich nie rebelliert; im Gegensatz übrigens zur Öffentlichkeit, die Alexandra über alles verehrte. Edward »beschränkte« sich erst unter Druck und als er zum König wurde auf eine einzige Nebenfrau: auf die gut verheiratete, aber stets verfügbare Alice Keppel, die – Ironie des Schicksals – Großmutter von Camilla Parker-Bowles.

Dem Vernehmen nach soll Elisabeth ihrem Sohn mehrfach und dringend die Beendigung seiner Affären empfohlen haben – bereits vor der Hochzeit. Doch angesichts ihres sonstigen Verhaltens erscheint das zweifelhaft. Elisabeth hat sich ungern in die privaten Angelegenheiten ihrer Kinder eingemischt. Charles selbst hat sich, über den Umweg seiner 1994 erschienenen autorisierten Biographie von Jonathan Dimbleby, über den fehlenden Kontakt zu seinen Eltern nachgerade beklagt. Er habe mit ihnen nie über seine Probleme reden können. Die Mißfallensäußerungen Ihrer Majestät, so ist anzunehmen, müssen vielmehr verklausulierter Art gewesen sein, ganz im Stil höfischer Kommunikationsrituale.

Daß die Fassade der Ehe vor der Öffentlichkeit hält, hat überhaupt nichts damit zu tun, daß sich die Dinge zum Guten wenden. Ganz im Gegenteil: Nach den Beschreibungen seiner Freunde hat Charles die Beziehung zu Camilla erst wieder richtig aufleben lassen, nachdem der Versuch erfolglos geblieben ist, Dianas Vertrauen und Liebe zu finden. Daß die Fassade hält, ist nicht dem Druck des Palastes zu danken, sondern allein Dianas Selbsterhaltungstrieb. Die Fassade erscheint Diana als das beste Mittel, sich die Presse vom Halse zu halten. Charles' Kritik an ihrer Person hält sie schon kaum aus: Um sich einer öffentlichen Kritik zu stellen, fehlt ihr das nötige Selbstvertrauen. Das macht den großen Unterschied aus zwischen der Königin und der Prinzessin. Diana funktioniert aus Angst. Elisabeth findet Erfüllung im Funktionieren.

Allein, die Königin hätte es besser wissen müssen. Die Unmöglichkeit, die Öffentlichkeit langfristig über ein internes Unglück im Unklaren zu lassen, hat durchaus einen Präzedenzfall. Der Sturz der britischen Monarchie vom hohen Roß der Unantastbarkeit hatte bereits stattgefunden, als Diana in die Familie eintrat. Für Elisabeth hat es schon sehr früh in ihrer Karriere eine Erfahrung gegeben, die ihr einen warnenden Vorgeschmack auf jenes hätte bieten sollen, was die von Churchill sogenannte »Zweite Elisabethanische Epoche« wie ein Fluch verfolgen sollte.

Noch einmal zurück zu Elisabeths Krönungstag, zum 2. Juni 1952: In den Zeitschriften und Zeitungen der nächsten Tage ist nicht nur die etwas schüchtern aussehende neue Queen zu sehen. Auch Prinzessin Margaret wird dem begierigen Publikum vorgestellt: hübsch, zwanzigjährig, von legendärem Charme und Anziehungsvermögen, was ihre männliche Umgebung betrifft. Und mit einer Geste, die einschlagen wird. Margaret tut etwas, was man als Mitglied dieser Familie ansonsten nicht tut: Sie zupft – unmittelbar nach dem Gottesdienst im Vorhof der Kirche – einem Rittmeister einen Fussel von der Uniform. Die Szene suggeriert eine gewisse Intimität, die unter den Umstehenden für Verwirrung sorgt – und für eine Welle von Zeitungsgeschichten dazu.

Denn der Rittmeister, Peter Townsend, ist durchaus schon im Gespräch – wenn auch nur im Ausland. Wie einst bei der Beziehung zwischen Prinz David und Wallis Simpson haben die Zeitungen in Amerika und auf dem Kontinent längst ausgesprochen, was man an der Fleet Street noch nicht einmal zu denken wagt: Daß Prinzessin Margaret zum Rittmeister Townsend eine romantische Beziehung pflegen könnte. Am Hof weiß man in Wahrheit Genaueres. Margaret hat es ihrer Schwester und Königin in den Tagen vor der Krönung unmißverständlich klargemacht: Sie möchte diesen Mann gerne heiraten. Den Rittmeister und die Prinzessin vereint eine bereits längere Liebesbeziehung. Das Problem ist nicht, daß Townsend kein Adliger ist – Margaret ist schließlich keine ernstzunehmende Anwärterin auf den Thron. Es ist vielmehr das »Wallis Simpson-Problem«. Townsend ist geschieden; sehr frisch geschieden sogar.

Nach der »Fussel-Affäre« vor der Abbey macht nicht die Krönungsfeierlichkeit, sondern die Romanze der jüngeren Prinzessin Schlagzeilen. Die Sonntagszeitung *People* nimmt sich der Geschichte auf besonders perfide, weil gespielt naive Weise an. Das Ganze sei natürlich nichts weiter als eine bösartige Spekulation, eine finstere Phantasie der ausländischen Presse, schreibt sie. Townsend sei zwar der »Unschuldige« bei seiner Scheidung gewesen, aber dies »ändert nichts an dem Fakt, daß eine Heirat zwischen Prinzessin Margaret und ihm selbst einem Schlag ins Gesicht der monarchischen und christlichen Traditionen gleichkäme.« Andere Zeitungen sind weniger »zurückhaltend«. Sie mutmaßen recht unverblümt über das Privatleben Margarets, von jenem Townsends ganz zu schweigen, sie prognostizieren einen Streit zwischen Townsend und Prinz Philip (was der Königinnengemahl weit von sich weist) und verfolgen die Beteiligten auf ihren täglichen Wegen.

Am Ende wird Townsend erst ins Exil gezwungen werden (an die Botschaft in Brüssel), Margaret wird für zwei Jahre in Wartestellung gehen, und dann, am Schlußpunkt einer Zeit des Bangens, werden sich die beiden unter dem Druck des Hofes und der Regierung – und gegen den allgemeinen Trend der öffentlichen Meinung – darauf verständigen, sich nicht mehr zu sehen. Schließlich wird sich das britische Establishment noch ein letztes Mal durchgesetzt haben mit seiner Vorstellung, daß die Monarchie nicht durch den Makel der von der anglikanischen Kirche abgelehnten Scheidung berührt werden darf. Der Königin und Schwester, die allein einen anderen Ausgang der Affäre hätte durchsetzen können, wird in den Zeitungen der Zeit offen vorgeworfen, das Glück Margarets auf dem Altar des Traditionalismus geopfert zu haben. Im Nachhinein darf man feststellen, daß die junge Elisabeth hier ein ihr eigenes Verhaltensmuster prägt: ignorieren, bis der Skandal nicht mehr ignorierbar ist. Dann aushalten, zu welchen und auf wessen Kosten auch immer. Die Tradition ist unantastbar.

Dabei hätte sie diese Affäre durchaus anders lösen können. Das Tête-à-tête zwischen der Prinzessin und dem Rittmeister, der schon seit 1946 zur familiären Umgebung zählt, ist nicht wirklich eine Überraschung gewesen. Die ältere Elisabeth, die sich seit dem Tod Georgs VI. und bis heute Königinmutter nennen läßt, hat sich immer streng an die Familientraditionen gehalten und die offenkundigen Gefühle der Tochter lächelnd übersehen. Aber die jüngere Elisabeth, die Königin, die auch verantwortlich wäre? Sie will ihrer Schwester nicht das Gefühlsleben durcheinanderbringen und legt daher die Hände in den Schoß. Sie will sie vor den möglichen Folgen einer öffentlichen Debatte schützen, aber weiß nicht recht wie. Deshalb lächelt auch sie, königinmuttergleich, lädt das junge Paar sogar noch zum Essen ein – und sagt kein Wort. Kein »Nein«, kein »Vorsicht!«, gar nichts. Elisabeth hofft, daß sich das Problem von alleine aus der Welt verabschiedet, indem die Liebe vielleicht nachläßt oder Margaret selbst einmal ihren Kopf einsetzt und begreift, daß die Sache ohne Ansehensverlust nicht durchzustehen ist. Und Elisabeth ignoriert (oder wird von ihren Höflingen darüber im Unklaren gelassen), was die Medien bereits aus der Beziehung gemacht haben.

Mit dem »Fall Townsend« brechen die sorgfältig errichteten Verteidigungslinien um die »magische« Monarchenfamilie das erste Mal zusammen. Wie zur Strafe werden sich weitere Peinlichkeiten in Margarets Leben reihen, allesamt begleitet von großem Medieninteresse: Im Mai 1960 wird sie den Gesellschaftsfotografen Anthony

Armstrong-Jones, den späteren Lord Snowdon, heiraten. Das erste Mal in der Geschichte der Neuzeit, daß ein »Bürgerlicher« zur Königlichen Familie stößt. 1976 wird die Ehe aufgelöst, Margaret beginnt eine unangenehme Liaison mit einem drittklassigen Schlagersänger namens Roderick Llewellyn, der versucht, sich seine Verbindung zum Palast sogleich in klingender Münze auszahlen zu lassen. Zwei Jahre später wird die Schwester der Queen im Krankenhaus landen, weil die Leber den Alkoholexzessen nicht länger gewachsen ist. Die Presse hat immer wieder ein Fest zu feiern, ein ums andere Mal. Und immer wird dabei mit dem (versteckten) Finger auf die Königin gezeigt, weil man glaubt, daß sie das laufende Unglück hätte verhindern können.

Die Monarchie hat im Fall Margaret Federn lassen müssen. Und im Interesse der Öffentlichkeit ist eine Grenze überschritten worden. Die Zeitungen und das Fernsehen werden sich dieser Grenzüberschreitung und ihres Erfolges erneut erinnern, wenn sie Jahrzehnte später hinter das bittere Geheimnis der schlanken Diana kommen. Das Interesse am Geschehen hinter den Palasttüren ist spätestens nach der Debatte um Peter Townsend zu groß geworden, als daß der Respekt vor dem Königshaus es noch verbieten könnte, die Neugier zu befriedigen.

Ende der Siebziger, Anfang der Achtziger hat sich die Lage für die Palastwächter nicht eben entschärft: Die Medienlandschaft hat sich verändert – durch einen scharfen Konkurrenzkampf auf dem Zeitungsmarkt und durch eine BBC, die sich mit privatwirtschaftlichen Gegenspielern messen muß. Auch in der journalistischen Denke hat es einen Ruck gegeben, in Chefredaktionen wie Bildabteilungen: Man ist radikaler geworden, weil man weiß, daß sich der Skandal gut verkaufen läßt. Der Enthüllungsjournalismus hat entdeckt, wie man in zweierlei Richtungen Erfolge, also Auflage erreichen kann: Nach Profumo und Watergate gilt das Aufdecken der privaten wie politischen Machenschaften der Herrschenden als passabler Karriereschritt für Jungredakteure (vor allem, wenn die Enthüllungsopfer in Folge zurücktreten), und seit den Sechzigern muß auch vor der Kamera nichts mehr verborgen bleiben (vor allem kein weiblicher Busen).

Allein die Königin ist – in gewissem Maße – ein Tabu geblieben.

Es finden keine Angriffe auf die Person Elisabeth in der Presse statt. Allenfalls wird, seit das Thema Anfang der Siebziger aufgekommen ist, über die Finanzsituation der »Firma Windsor« gemeckert. Die sogenannte »Civil List«, die Vereinbarung über den Haushalt der Queen und ihres wachsenden Anhangs, ist in Zeiten hoher Inflation schwer umkämpft. Aber ansonsten: kein (vernehmbares) schlechtes Wort über die Queen.

Es ist die zweite Reihe, die nicht länger verschont wird. Ende der Achtziger beginnt eine Kampagne gegen Diana, die auf diese Weise der Palast bis dato offenbar nicht für möglich gehalten hat. Die Gerüchteküche der Boulevardzeitungen (und solcher Blätter wie der *Times* und der *Sunday Times*, die sich unter ihrem australischen Verleger Rupert Murdoch längst in Boulevardzeitungen mit bürgerlichem Outfit verwandelt haben) kann mit Namen von Männern aufwarten, die mit Diana außereheliche Beziehungen haben sollen. Die Dreckschlacht beginnt.

Für Langzeitbeobachter der Familie ist das Überraschungsmoment eher gering. Das liegt nicht nur daran, daß Diana seit dem Erstkontakt am Ufer des Dee den modernen Medien ein Faszinosum geboten hat. Mit großem Erstaunen starren die Chefredakteure (und noch viel gebannter die Verleger) auf die Verkaufszahlen. Um zwanzig Prozent, so frohlockt man in der Branche und übertreibt dabei nur wenig, kann man in diesen Jahren die verkaufte Auflage nach oben treiben, indem man Diana aufs Titelblatt setzt. Das wird so bleiben. Bis heute.

Allerdings hat das Ende der Zurückhaltung zwischen Presse und Palast mit mehr als nur Medienökonomie zu tun. Das gesamte Gefüge der *public relations* zwischen Königshaus, Öffentlichkeit und Medien scheint sich in dieser Zeit zu verändern. Für Elisabeth werden die Folgen ganz direkter Art sein: Sie wird sich mit einer Herausforderung konfrontiert sehen, wie sie die Monarchie bislang nicht gekannt hat. Und Diana wird ihre Konsequenzen aus diesem Wandel ziehen: Sie wird ihre Teilnahmebedingungen an dem Spiel mit der öffentlichen Meinung ändern. Die Gerüchte über Dianas ungebührliche Verhältnisse erreichen die Öffentlichkeit, weil Diana selbst am Ende der achtziger Jahre eine offensichtliche Bereitschaft zu ungebührlichen Verhältnissen entwickelt.

Wie ist es dazu gekommen? Dianas Unglück ist eine Weile lang durch die »Schweigespirale« unterdrückt und damit im Zaum gehalten worden. Doch für Dianas psychische Konstitution ist die Verweigerung der Fremd- und Selbsterkenntnis nicht hilfreich, im Gegenteil. Felix Lyle, der der Prinzessin mit einem Schuß Astrologie aus der Klemme zu helfen sucht, wird bei Andrew Morton mit der Bemerkung zitiert, Dianas schwierigstes Problem sei gewesen, »daß sie auf ein Podest gestellt wurde, das ihr nicht erlaubte, sich in eine Richtung zu entwickeln, die sie wollte, sondern in eine, die sie dazu zwang, sich ständig mit Image und Perfektion zu beschäftigen.« Diana trägt über alle diese Jahre ein gestörtes Bild von sich selbst herum, sie sieht sich unter Druck gesetzt, ihr Äußeres der Öffentlichkeit zuliebe zu perfektionieren, ihr Verhalten an die Regeln anzupassen, sich selbst zu jener Prinzessin zu machen, die der Rest der Familie gerne hätte.

Die Ankunft Sarah Fergusons am Hof 1985 verstärkt diese Zwänge noch. Die von Diana selbst durch eine Einladung an Sarah unwillentlich produzierte Romanze zwischen dem burschikosen Rotschopf und dem affärenerfahrenen Prinz Andrew läßt zwar für eine Weile das öffentliche Interesse auf die Neue überschwappen, welches im Juli 1986 mit der Hochzeit des Paares seinen vorläufigen Höhepunkt findet. Aber »Fergie«, wie sie von allen gerufen wird, macht es Diana schwer, an ihrer mittlerweile »eingerichteten« Lebensperspektive in der Königlichen Familie festzuhalten.

Man muß sich diese Selbsteinschätzung noch einmal vor Augen führen: Ihr Mann, dem sie doch eigentlich ihre Liebe (und ihr Leben) entgegengebracht hat, liebt eine andere – das weiß sie. Charles, Elisabeth und Philip, die Königinmutter, im Grunde die gesamte Familie und der Hofstaat mögen Diana nicht und haben sich »innerlich« distanziert – spätestens seit der Geburt Harrys im September 1984 weiß sie auch das. Diana lebt für die Öffentlichkeit eine Ehe, aber in Wirklichkeit das Leben eines Singles.

Wer ist schuld daran? Von außen gesehen: Charles, der Ehebrecher. Aber für Diana ist die Perspektive eine andere: genügt die Prinzessin ihrem Prinzen nicht? Macht sie etwas falsch? Bis zum Ende der Achtziger mag Diana bei diesen Frage geschwankt haben; ansonsten wäre ihre psychische Verfassung nicht sosehr von Selbstzweifeln und Selbsthaß gekennzeichnet gewesen. »Shy Di«, die schüchterne Diana der Achtziger, sucht zuerst bei sich selbst die Fehler, und nur hin und wieder schafft sie es, ihre Wut auf den untreuen Gatten zu richten.

Fergie zeigt ihr noch dazu, daß es »geht« mit den Windsors – wenn man will (oder gut genug ist). Fergie ist ein Erfolg in dieser Familie. Sie wickelt nicht nur Andrew ein mit ihrem Charme, ihrem Humor und ihrem Hang zu Albernheiten, sondern durchaus auch Charles, die Königin selbst und ihren mittlerweile etwas steifen Gatten. Fergie macht es sich zur Gewohnheit, mit der Königinmutter Tee zu trinken (oder Gin Tonic, das Leibgetränk der älteren Dame). Da treffen sich zwei, die die Bereitschaft und Fähigkeit besitzen, mit jedermann über jedes Thema ein anscheinend interessantes Gespräch zu führen – und sich auf jeden einzustellen. Die schweigsame, zurückhaltende, ruhige Diana steht dagegen eindeutig außen vor.

Auf ihren berühmten Tonbändern berichtet Diana gut sieben Jahre später, Charles selbst habe sie in durchaus vorwurfsvoller Art mit Fergie verglichen: »Warum kannst Du nicht mehr sein wie sie?« soll er sie gefragt haben – und das gleich mehrfach. Erneut also ist ein Zwang da, das eigene Bild und das eigene Verhalten zu ändern. Die Richtung ist vorgegeben, diesmal von der »Firma«.

Es sagt vieles über die Verfassung der Windsors in den Achtzigern, daß Fergie bei Königin Elisabeth und Prinz Philip so gut ankommt: Ihre Ankunft bringt in den Augen der »Firmenleitung« nicht nur Andrew aus den peinlichen Schlagzeilen heraus (die Boulevardpresse hat ausgiebig über vielfältige Affären berichtet), sondern sorgt auch für die als notwendig erachtete Popularisierung des Unternehmens. Fergie ist modern, aufgeschlossen, liberal. Sie ist zudem – anders als alle anderen weiblichen Mitglieder der Familie zuvor – bekanntermaßen sexuell erfahren in die Ehe gegangen. Das darf als Zeichen der Liberalisierung am Palast verstanden werden. Das soll – im Zeitalter des Marketings – verlorenes Territorium wiedergutmachen.

Diana hat sich an diesem Versuch beteiligt, das Königshaus weniger steif erscheinen zu lassen. Im Frühjahr 1986 lassen sich Charles und sie im Fernsehen interviewen. Es ist das erste Mal, daß sie seit ihrer Hochzeit auftreten, es ist das erste Mal, daß ein Interview geführt wird, das nicht nur als Hintergrund einer Dokumentation über das Leben der Windsors präsentiert werden soll. Die Nation zeigt sich dankbar, und auch am Hof ist man begeistert. Selbstverständlich bleiben die Fragen allgemein, selbstverständlich wird nicht einmal ein Hauch der Probleme angedeutet. Ein zweiter Erfolg ist auch Dianas Überraschungauftritt an einem Ballettabend des Royal Opera House am Covent Garden. Ohne daß Charles vorher etwas davon wußte, taucht sie am Schluß der Vorführung auf der Bühne auf. Die Gesellschaft überschlägt sich vor Begeisterung, Charles ist – so jedenfalls die spätere Version seiner Frau – weniger angetan.

Diana hat es also versucht. Diana wird »mehr wie sie«, wie die Schwägerin Fergie. Eine Welle von Albernheiten bricht in Balmoral und Sandringham ein. Die Familie zeigt sich amüsiert, der Hofstaat entsetzt. Auch vor der Öffentlichkeit versuchen sich nun Fergie und Diana, in Sachen Lockerheit zu überbieten. Nach anfänglicher Begeisterung gerät der neue Trend, wie sooft im schweigsamen Hause Windsor, allerdings außer Kontrolle. Daß Diana einmal lacht, während vor ihr schweigsame und ernst dreinblickende Soldaten salutieren, daß Fergie und sie sich während des Pferderennens von Ascot offiziell »danebenbenehmen«, wird von der Öffentlichkeit nun plötzlich nicht mehr goutiert. Ein solches Verhalten sei der Stellung der Damen nicht angemessen, heißt es in den nunmehr weniger begeisterten Medien. Die Gratwanderung zwischen Popularität und Würde droht zu mißlingen.

Es gibt noch eine Steigerung des Trends ins Absurde, an der zwar Fergie, nicht aber Diana beteiligt ist. Sie heißt »It's a Royal Knockout« – eine Fernsehsendung, mit der auf bizarre Weise Prinz Edward seine Karriere in diesem Medium vorantreiben möchte. Die Spielshow läßt ursprünglich unter dem Titel »It's a Knockout« Prominente durch allerhand Sinnlosigkeiten Geld für wohltätige Zwecke anhäufen – und in diesem Fall eben unter dem Blick ausgewählter Angehöriger der Königlichen Familie. Die Show, am 19. Juni 1987 ausgestrahlt – gegen den unausgesprochenen Willen der Queen übrigens –, wird zum reinen Desaster für den Palast: Niemand beim Publikum und bei der Fernsehkritik weiß etwas mit dieser peinlichen Zusammenführung von Fernsehsternchen und Monarchen-Nachwuchs anzufangen. So natürlich und nahbar, wie man die Königskinder im Fernsehen beobachten kann, will man die Windsors dann eben doch nicht sehen. Die Medien reagieren auf den Richtungswechsel in Sachen PR »im Interesse der Allgemeinheit«. Die »natürliche« Familie wird als »out«, die »zeremonielle« Familie als

It's a Royal Knockout – sechs Wochen nach dem Fernsehdesaster der »Edward-meets-Promis-Show« lächeln Diana und Elisabeth einträchtig in die Kameras. Doch im August 1987 steht längst fest: Die eine funktioniert nur aus Angst, die andere findet Erfüllung im Funktionieren.

langweilig definiert. Von nun an wird also aktiv nach Dreck gesucht, mit dem sich die Royals bewerfen lassen und der die Verkaufszahlen steigert. Aufdeckungsarbeit ist angesagt. Investigativer Journalismus.

Als erstes sind die Frauen dran, wenn auch über Umwege: Fergies Vater wird in einem »Massagesalon« im Londoner West End erwischt, wo er sich wahrscheinlich nicht nur den Rücken hat massieren lassen. Fergie, hochschwanger, wird durch das Fegefeuer der Gerüchteküche geschickt. Von den Medien wird sie einerseits dazu gedrängt, andererseits schon einmal vorsorglich dafür kritisiert, daß sie ihrem bedrängten Vater zur Seite steht. Auch die Königin wird angegriffen: Dafür, daß sie Fergie angeblich unter Druck gesetzt habe – und dafür, daß sie dem Ferkel Major Ferguson noch die Hand schüttelt.

Nun ist es nur noch eine Frage der Zeit, bis sich das Interesse auf Diana konzentrieren wird. Die erste Angriffswelle richtet sich auf ihre männlichen Begleiter. Es gibt eine ganze Reihe davon, und manche sind wohl auch mehr als nur wohlgesonnene Bekannte, aber alle werden von nun ab bis zur Herrentoilette verfolgt. Diana streitet ab, daß irgendwo irgendwas passiert sei, aber der Ruf ist ohnedies hin. Die Queen selbst soll sich, ob direkt gegenüber Diana oder über Kommunikationsumwege, unleidlich gezeigt haben über die Lässigkeit, die Diana im alltäglichen Umgang mit Männern an den Tag legt. Wie sooft in der Geschichte der Monarchie, und speziell am britischen Hof, bleibt die Frage nach den lässigen Freizeitbeschäftigungen des Prinzen aber ungestellt. Camilla wird verschwiegen.

Es ist jener legendäre Andrew Morton, der 1992 mit *Diana – Her True Story* die Monarchie deutlicher als je zuvor ins Wanken bringt, der es wagt, den ersten Stein gegen die marode Ehe zu werfen, die in der Öffentlichkeit zu diesem Zeitpunkt trotz aller Gerüchte als schwierig, aber stabil gilt. In einem Artikel für die *Sunday Times* von Anfang 1987 weiß Morton minutiös aufzuzeigen, daß der Prinz und die Prinzessin kaum noch Zeit miteinander verbringen. Die Enthüllung schlägt Wellen. Die Sorge um das Wohl der Ehe schlägt sich nun selbst in der seriösen Presse nieder.

Das verschreckte Establishment beginnt, über die Folgen einer möglichen Ehekrise für die Monarchie an sich nachzudenken. In seitenfüllenden Kommentaren fragt vor allem die konservative Intelligenz, welche Aufgaben das Königshaus in der Postmoderne zu erfüllen habe. Die Antworten sind wenig überraschend: Die Monarchie müsse ein Vorbild für die Werte eines intakten Familienlebens liefern, müsse für Gesetzestreue, höflichen Umgang und christliche Werte stehen. Die Königliche Familie habe sich als Förderer der Künste und des Sportes zu beweisen sowie als Wohltäter der Armen und Bedürftigen. Die Königin und ihr Thronfolger hätten das nationale Ethos in idealisierter Form zu personifizieren, beschreibt Ben Pimlott die Erwartungshaltung jener Zeit. Als »Wurmfortsatz des Entertainments« hätte die Monarchie keine Chance, die Popularisierung des Hofes würde unweigerlich in die Republik führen, heißt es auf der rechten Seite des Meinungsspektrums. Wenn die Royals zu Helfershelfern der Unterhaltungsindustrie würden, wären sie im Handumdrehen überflüssig. Was also heißt, daß nicht nur »It's a

Royal Knockout« gefälligst ad acta gelegt werden sollte. Vor allem die erste Ehe des Landes hat sich in Perfektion zu präsentieren. Der Queen kommt diese Erwartungshaltung entgegen – und sie zu erfüllen, ist ihr ein leichtes. Diana sieht sich hingegen wiederum unter Druck gesetzt.

5. Das Fegefeuer
der Eitelkeiten – Krieg

»I admired and respected her – for her
energy and commitment to others
and especially for her devotion to her
two boys.«
»Ich habe sie bewundert und respektiert – für ihre Energie und Verpflich-
tung anderen und ganz besonders für
ihre Hingabe ihren beiden Jungen
gegenüber.«

Elisabeth über Diana, am 5. September
1997, vor der gesamten Nation

»I'll never let you down but I cannot
say the same for your son.«
»Ich werde Euch nie enttäuschen, aber
ich kann nicht dasselbe für Euren
Sohn versprechen.«

Diana, nach eigenen Angaben,
zu Elisabeth

Und dann ist also der Damm gebrochen – im Jahreswechsel 1987/88. Weder zufällig, aber ebensowenig als zwingende Folge der Ereignisse hat es in Diana einen Ruck gegeben. Es ist nicht anzunehmen, daß sie sich tieferschürfende Gedanken über die Zukunft der Monarchie gemacht hat. Es ist ebensowenig anzunehmen, daß Diana in sich einen Hang zum Republikanismus entdeckt hat, wie es uns Julie Burchill nahezulegen versucht. Diana hat schlicht Zweifel an der Notwendigkeit, die Fassade um ihre kaputte Ehe herum aufrechtzuerhalten. So hat sie es Jahre später jedenfalls Andrew Morton erzählt: von ihrer Erkenntnis, daß ihre Ehe unrettbar verloren ist, von ihrer Entdeckung, daß sie selbst die Dinge in die Hand nehmen kann (auch gegen den Willen ihres so viel älteren und erfahreneren Mannes) – und von der Gewißheit, daß sie mit ihren Eßstörungen nicht alleine auf der Welt ist.

Die erste Erkenntnis überkommt die Prinzessin, so die bei Morton kolportierte romantische Legende, beim Strandspaziergang in Devon, wohin sie »mal kurz« entflohen ist, wahrscheinlich mit dem Leibwächter auf Rufdistanz. Die zweite Erkenntnis hat sie angeblich einem tragischen Unfall im Skiurlaub im schweizerischen Klosters zu verdanken: Als Hugh Lindsey, ein Rittmeister der Königin, beim »Helicopter-Skiing« unter einer Lawine begraben wird, ergreift sie – in Abwesenheit von Charles – eigenhändig die Initiative und organisiert (hier ist die Legende am unglaubwürdigsten) den ehrenvollen Rückflug samt Sarg und Gepäck. Die dritte Erkenntnis verdankt sie Maurice Lipsedge, bei dem sie aufgrund der Empfehlung des Spencerschen Familiendoktors landet – nach einer Drohung ihrer alten Jugendfreundin Carolyn Bartholomew, die Öffentlichkeit über ihre Krankheit aufzuklären, falls sie sich nicht in Spezialbehandlung begäbe. Es ist nicht der erste Arzt, den Diana wegen ihrer Eßstörungen konsultiert, nicht der erste, der sich als Spezialist in solchen Angelegenheiten versteht – aber der erste, der offenbar in der Lage ist, ihr zuzuhören. Nicht, daß die bulimischen Anfälle über Nacht aufhörten. Doch statt sich viermal am Tag in der Abgeschiedenheit einer Toilette zu erbrechen, überkommt es Diana nach wenigen Monaten psychologischer Behandlung nur noch alle paar Wochen. Sie ändert dabei nicht nur ihre Art und Weise, mit Nahrung umzugehen. Auch die Probleme um sie herum nehmen in ihren Augen eine neue Gestalt an. Es gehört wahrscheinlich zu Lipsedges Programm, die Dinge »anzugreifen«, anstatt sie herunterzuschlucken, so daß Diana auch erstmals Camilla direkt auf ihre Beziehung mit Charles anspricht. Der Freundeskreis des Prinzen, in dem man lange von dem Verhältnis weiß und vornehm schweigt, weil man Dianas unkontrolliertes Verhalten für die Ursache des Scheiterns der Ehe hält, zeigt sich überrascht bis nachhaltig entsetzt. Doch der zornige Ausbruch – letztlich nicht mehr als ein paar Minuten bösartigen Zischens zwischen zwei Konkurrentinnen – wirkt therapeutische Wunder bei der Prinzessin von Wales. Selbst wenn dies so gut wie endgültig den Abschied von ihrer Ehe darstellt (denn sie stellt ja nicht mehr ihn, sondern nun nur noch die Nebenbuhlerin): Diana erdenkt sich neu.

So jedenfalls erzählen es die Legenden, die Märchen, die vor allem in Mortons süßer Prosa nacherzählt werden. Natürlich ist etwas dran, daß sich Diana in ein neues Leben wirft. Sie beginnt sich zum Beispiel mit Astrologie zu beschäftigen und mit anderen paranormalen Phänomenen – und dies ironischerweise ganz in der Tradition des britischen Königshauses, in dem man schon seit Jahrhunderten einen Hang zum Übersinnlichen pflegt. Sie zeigt sich häufiger allein in der Öffentlichkeit, sie nimmt die Dienste eines therapeutischen Masseurs in Anspruch, der in der besseren Gesellschaft als Wunderheiler gilt, eines gewissen Stephen Twigg. Akupunktur, Aromatherapie, Kristallheilung, Hypnotherapie: die leidende Diana entdeckt sich profund als Kranke wieder.

Der damit einhergehende Bruch der Kommunikation zwischen ihr und ihrem Ehemann bleibt nicht der einzige im Hause Windsor. Andrew ist als Marineoffizier ständig auf Reisen, was ihn offenbar davon abhält, zu bemerken, daß Hausfrau Fergie in ihrem für mehrere Millionen neugebauten Haus auf den Sunninghill Estate in Langeweile erstickt und ihre ganz persönliche Liebesaffäre mit der Königlichen Familie nach und nach beendet. Prinzessin Anne, die aktivste in der Familie, was Termine und wohltätige Aktivitäten anbelangt, tröstet sich mit einem Leibwächter, später mit einem Rittmeister darüber hinweg, daß sich ihr Gatte Mark Phillips nicht nur auf eine Affäre eingelassen, sondern im Zuge dieser, welche Schmach, auch ein uneheliches Kind in die Welt gesetzt hat. Und auch Charles ist ein Opfer der allgemeinen Funkstille. Zwischen seinem Büro, dem St. James Palace, und der Hauptstelle der Monarchie, dem Buckingham Palace, kommt die Kommunikation beinahe völlig zum Erliegen. Man arbeitet gegeneinander und aneinander vorbei. Elisabeth, die ihn zuvor immer wieder bedrängt hat, seinen Freundeskreis in Highgrove aufzugeben (und damit auch Camilla Parker-Bowles), gibt sich derart unzufrieden mit der andauernden Affäre und dem unglücklichen Zustand der Thronfolger-Ehe, daß sie in eine typisch Elisabethanische Haltung verfällt: Sie spricht nicht mehr darüber.

Das große Schweigen wird unweigerlich in jenes Katastrophenjahr führen, das von der Queen mit dem treffenden Begriff des »Annus Horribilis« umschrieben werden wird, ihr persönliches Schreckensjahr. Die dahinterliegenden familiären Schwierigkeiten und die öffentliche Begleitmusik haben aber noch einen ganz anderen, beinahe gegenteiligen Effekt. Unter den Intellektuellen, nunmehr auch bei den linken, beginnen sich kluge Menschen Gedanken darüber zu machen, weshalb es auf der einen Seite ein offenbar unstillbares Verlangen nach geradezu idiotischen Details aus dem skandalträchtigen Leben der jungen Royals gibt, auf der anderen Seite aber eine anhaltend hohe, sich kaum verändernde Zustimmung für die Monarchie. Alle lesen die *Sun* (und wer sie nicht liest, liest sie längst indirekt, da die sogenannten »seriösen« Blätter nunmehr über die Skandale am Hof berichten, indem sie verschämt über die Berichte der *Sun* über die Skandale am Hof berichten), alle müßten also darüber informiert sein, welche Seifenopern am Hof inszeniert werden, aber trotzdem bricht der Respekt vor der Institution des Königshauses nicht zusammen. Der linke Essayist Tom Nairn eröffnet diese Debatte Anfang 1988 mit einer Polemik unter dem Titel *The Enchanted Glass*. Darin verwirft er die bis dahin für die Linke als natürlich angenommene Diskussionsgrundlage, nach der die Monarchie ein überflüssiges »Extra« im politischen System Großbritanniens sei; eine Art Appendix der Gesellschaft, zur Unterhaltung derselbigen. Für Nairn ist die Huldigung der Königin und – in Maßen – ihrer Familie ein überdeutliches Zeichen dafür, daß die Monarchie für die Gesellschaft weit mehr als nur zierende (oder, ganz marxistisch gedacht: betäubende) Bedeutung hat: Sie liefert ein zentrales Stück Identität; sie – und nicht irgendeine Nationalkultur – hält das Gesamtgewebe Großbritanniens zusammen. Die Monarchie ist wichtig.

Für Nairn ist das das Motiv, für die baldige Abschaffung dieser Institution zu plädieren, da er ihr die Schuld daran gibt, daß selbst das (post)moderne Britannien immer noch in kolonialen Kategorien denkt, in der Erinnerung an vergangene Größe und gewonnene Kriege verharrt und sich nur widerwillig mit dem europäischen Gedanken anfreundet. Nairns Aufruf findet keinen unmittelbaren Widerhall (der Republikanismus ist und bleibt eine Minderheitenreligion auf der Insel), aber sein Grundgedanke zieht weite Kreise. Die Funktion der Königin wird von nun an nicht mehr allein von Regenbogenmagazinen debattiert, sondern vom Mainstream. Das Bildungsbürgertum entdeckt die Queen als Thema.

Es ist eine merkwürdige Situation, in der sich die Monarchie dadurch wiederfindet: Die breite Masse delektiert sich an den immer grenzenloseren Enthüllungen der Boulevardpresse, die Politik sucht ständig nach möglichen Einschnitten im Hofhaushalt, und das Establishment diskutiert über Sinn, Wert und Zukunft der Institution. Nur im betroffenen Hause selbst, da wird immer weniger gesprochen. Zwar finden, zunächst hinter verschlossenen Türen, die ersten vorsichtigen Bemühungen um eine Neu-Definition der Monarchie statt, aber im engsten Kreis der Familie schleicht sich lähmende Angst ein. Es bedürfte einer handfesten Explosion, um die Bewohner des Hauses in Bewegung zu versetzen.

Der Ausbruch des Krieges kündigt sich allerdings leise an – und nicht mit einem Knall. Es gibt keine »öffentliche Kriegserklärung« zwischen Diana und der Familie. Es gibt höchstens eine Legende. Irgendwann im Jahre 1990, am Tiefpunkt der schlechten Laune am Hof, sollen die Herzogin von York und die Prinzessin von Wales so etwas wie einen Kleine-Mädchen-Pakt abgeschlossen haben: »Laß uns unsere Männer verlassen.« Im Nachhinein kann natürlich niemand beweisen, ob es solch eine Absprache gegeben hat, selbst Fergie nicht. Was auch immer wer auch immer behaupten wird, von nun an gilt: Alles, was gesagt wird, ist bereits Teil der Auseinandersetzung. Charles und Diana, die neun Jahre lang aneinander vorbeigelebt haben, werden einen Krieg der Worte führen und sich dabei großzügig anderer bedienen.

Am Anfang sind es die Freunde. Eigentlich sind sie von Anfang an säuberlich in »his« und »her« sortiert. Acht, neun Jahre später wird diesen Freunden »gesteckt«, was der andere oder die andere jetzt schon wieder falsch gemacht hat. Es gibt einige, die sich in dieser gespannten Atmosphäre weder für ihn noch für sie entscheiden wollen. Und es gibt vor allem Mitglieder des Haushalts, die den täglichen Kleinkrieg nicht mitmachen möchten. Sie verschwinden in der Versenkung. Nur wer mitspielt, darf am Hof weitertanzen.

Der Queen geht das Gezische und Gezanke sehr bald auf die Nerven. Im Sommer 1990, berichten Freunde, sei sie äußerst gereizt. Wer in Balmoral oder Sandringham anwesend ist, erlebt ein ständiges Wortgefecht zwischen Charles und Diana – meistens gewinnt Diana. Sie ist bereit, ein bißchen weiter zu gehen in ihren Bemerkungen und zu verletzen. Es ist Dianas Ausdrucksform, um ihre eigenen Verletzungen zu zeigen. Elisabeth versteht zwar vermutlich letzteres, und sie ahnt wohl, welche tiefe Enttäuschung in Diana trotzdem steckt. Aber letztlich begreift sie das Ganze nicht. Es wäre nicht Elisabeths Art, auf diese Art und Weise mit einem Konflikt umzugehen. Mit ihrem Sohn steht die Königin schon seit längerem auf (schweigendem) Kriegsfuß, aber das Verhalten der Schwiegertochter sorgt dafür, daß auch das Ansehen der Prinzessin im Hause Windsor sinkt.

Und in der Öffentlichkeit. Der Krieg am Golf im Frühjahr 1991 schärft den Blick der Untertanen für die Dienst- und Opferbereitschaft der gesamten Windsor-Familie. Prinz Andrew, der im Falkland-Krieg noch an der Front gedient hat, spielt, wie passend, Golf bei Marbella. Diana und Fergie lassen sich beim Skifahren und Sonnenbaden bewundern. Die Nation ist sauer.

Für die Queen kommt der Vorwurf eines unangemessenen Luxuslebens einer Katastrophe gleich. Nach jahrelangem Gezerre im Hintergrund ist die Debatte um die Finanzen des Hof-Haushalts von den Medien aufgegriffen worden. Die Kosten der Monarchie, lange das Lieblingsargument der Republikaner, werden nunmehr zu einem ernstzunehmenden Thema. Im Juni 1991 bringt der Fernsehjournalist Philip Hall in einer Sendung des »World in Action«-Magazins zudem einen Eckpfeiler der monarchischen Finanzen ins Wanken. Daß das Einkommen der Queen und ihrer Kinder steuerfrei bleibt, so hat Hall herausgefunden, ist – entgegen allgemeiner Gutgläubigkeit – kein althergebrachtes Privileg des Herrscherhauses, sondern eine Erfindung des 20. Jahrhunderts. Der Hofstaat gerät in Erklärungsnöte.

Prinz Charles bastelt derweil an seinem ganz persönlichen Image-Problem. Bei einem Schulunfall im gleichen Monat wird Prinz William schwer am Kopf verletzt. Charles und Diana – er aus Highgrove, sie aus dem Londoner Zentrum – eilen getrennt nach Berkshire, um im Krankenhaus etwas über den Zustand ihres Sohnes zu erfahren. Eine Computertomographie weist auf einen Schädelbasisbruch hin; William muß operiert werden, wozu er (samt Eltern) in das Londoner Kinderkrankenhaus an der Great Ormond Street verlegt wird. Der kleine Prinz ist bei Bewußtsein und reichlich gesprächig – was Charles offenbar zum Anlaß nimmt, die Dinge nicht ganz so tragisch zu sehen und sich abends wieder seinem »offiziellen Programm« zu widmen. Während Diana über Nacht am Krankenbett bleibt, sitzt Charles in der Oper. Nach Puccinis *Tosca* am Royal Opera House steigt er in den Familien-Zug nach Yorkshire, wo er am nächsten Morgen eine Umweltschutzkonferenz besuchen soll. Die *Sun* greift am Tage darauf das typische Verhalten des distanzierten Charles in gekonnt zugespitzter Form auf: »Was für ein Vater sind Sie?« fragt die Boulevardzeitung den Prinzen, den man auf der Titelseite in Freizeitkleidung über die Yorkshire Dales wandern sieht. Seine Freunde sind sicher, daß Diana etwas mit der Geschichte zu tun hat. Sie steht da wie eine Heilige, er wie ein schlechter Vater. Auch das wird zum wiederkehrenden Muster.

Diana hat bereits vor 1988 ein besseres Verhältnis zu ihren treuen Verfolgern aufgebaut: den Journalisten. Aus dem schüchternen Mädchen, das verschmitzt in die Kameras lächelte und schon damit das eigene Bild (unwillentlich) manipulierte, ist zu diesem Zeitpunkt eine gewiefte Spielerin auf der Klaviatur der medialen Inszenierungen geworden. Natürlich hat das etwas mit der Bewältigung ihrer Krankheit zu tun – mit ihrer »Neu-Erfindung«. Aber es ist auch schlicht eine Frage der Erfahrung. Diana weiß mittlerweile genau, welche Gesten, welche Bemerkungen sie machen muß, um sich ins rechte und ihren Mann ins düstere Licht zu stellen. Und inzwischen geht es ihr nicht mehr darum, eine Fassade aufrechtzuerhalten, sondern jetzt will sie entlarven. Sie spielt nicht länger gegen die Medien, sondern mit ihnen. Sie will Charles bloßstellen und zum eindeutig Schuldigen erklären, sich selbst derweil zum Opfer königlicher Intrigen und monarchischer Kälte stilisieren.

Hat sie etwa deshalb auch den Weg in die Krankenhäuser gefunden, in die Aids-Stationen, in die Kinderhospize? Einerseits, sicher. Diana hat erkannt, daß sie sich eine eigene Rolle erschaffen muß, die von der ihres Mannes deutlich verschieden ist; allein, um ihre eigene Existenz (und Daseinsberechtigung) zu gewährleisten. Prinz Charles hat sich in den Achtzigern zum Fürsprecher einer traditionelleren Architektur aufgebaut, er hat Interesse an holistischer Medizin bekundet und setzt sich für ökologische Belange ein. Diana bedient andere Bedürfnisse: Wie eine moderne Florence Nightingale taucht sie in den Ambulanzen auf, um Kranke und Verletzte zu beruhigen, sie kümmert sich um die Kunst und den Tanz, sie beschäftigt sich mit dem Schicksal geschlagener Frauen. Charles ist der Traditionalist, Diana ist die zeitgemäße Fürsorglichkeit. Das ist eine gute Arbeitsteilung, weil man sie gegebenenfalls auch gegeneinander in Stellung bringen kann. Aber Dianas Anteilnahme am Schicksal der Leidenden hat tiefere Motive als nur schnöde Image-Arbeit. Diana – wie gezeigt – ist bereits als Kind in solchen Aufgaben aufgegangen, hat »reüssiert« im Umgang mit schwererziehbaren Jugendlichen oder todkranken Alten. Oliver James, der bereits zitierte Psychologe, erkennt hierin ein Muster, das für Menschen mit Dianas seelischen Schwierigkeiten nicht selten ist: »Hinter der Bereitschaft, bedingungslose Liebe an Unbekannte zu geben, steckt häufig der Impuls, daß man sich selber danach sehnt, Liebe zu empfangen«, schreibt er. Die Strategie des bedingungslosen Mitgefühls erfüllt allerdings diese Sehnsucht nicht. Weil es zum Geliebtwerden immer noch nicht ganz reicht, muß die Liebesuchende weiterziehen. Wie eine fleißige Biene zieht Diana von Wohltätigkeitsevent zu Wohltätigkeitsevent und häuft »gute Sachen« an, für die sie ihren guten

Namen hergeben kann – und wird damit zu einer globalen Wohltäterin so gut wie aller Schwachen und Benachteiligten: 120 Wohltätigkeitsinstitutionen führen 1993 Diana als Patronin auf. Das ist ein rastloses Sammeln. Und ein Handlungsmuster, das sich auch auf die Männerwelt anwenden läßt.

Es hat Affären gegeben, wie man weiß. James Hewitt, der Rittmeister, wurde zur bekanntesten, weil der junge Mann gegen Bares geplaudert hat. Andere Herren gaben sich dezenter, wieder andere wurden mit Diana in Verbindung gebracht, nur weil sie ein- oder zweimal mit ihr in der Öffentlichkeit auftauchten. Aber nicht jedes Gerücht entbehrt jeder Grundlage. Diana sucht Liebe, und Diana sucht auch (wenig überraschend) ein Sexualleben. Sie ist als Jungfrau in eine Ehe gegangen, die schon länger nicht mehr »vollzogen« wird, wie es so hübsch heißt. Das leuchtende Vorbild ihres Gatten bildet mit der permissiven Stimmung der Endachtziger nicht eben die Mischung, die Diana dazu drängen könnte, enthaltsam zu bleiben. Doch Diana hat sich ohnehin davon verabschiedet, nach den royalistischen Regeln spielen zu wollen. Die Ausflüge in wechselnde Beziehungswelten sind Teil ihrer Suche nach dem neuen Selbst. Sie hat sich längst als Opfer definiert, als Kranke, und sie hat mit der Idee dieser Ehe gebrochen. Nun will sie ihren Spaß – und sie nimmt ihn sich, so, wie ihr Mann das tut.

Elisabeth hätte – ganz gleich, welche Abenteuer ihr guter Philip sich auch gegönnt haben mag – das nie getan. Ihr Credo lautet zweifellos nicht, daß man sich nehmen soll, was man haben will, ungeachtet aller moralischen, ethischen oder religiösen Hürden. Der Unterschied im Umgang mit den eigenen Bedürfnissen liegt in einem Generationen- und wahrscheinlich auch Statusphänomen. Elisabeth ist einfach in jeder Hinsicht (wo)anders aufgewachsen als Diana. Und mehr noch: Elisabeth hat, so vermutet Oliver James, die Erfüllung ihrer Bedürfnisse in ihrer Position gesucht und gefunden. Diana hat das zunächst auch versucht. Sie hat jahrelang das »Just-be-a-Princess« so gestaltet, daß ihr allein der Status und die damit verbundene Aufmerksamkeit eine innere Zufriedenheit geben sollten – *mission impossible*. Diana ist damit gescheitert. Die Kinder der Sechziger wollen nicht nur Positionen, sondern auch Relationen funktionieren sehen. Diana braucht den Anhaltspunkt einer Liebe, einer Verbindung, enger Freundschaft, den Charles ihr weder bieten will noch aller Wahrscheinlichkeit nach kann. Deshalb beginnt sie, sich mit anderen Männern zu vergnügen, auch wenn es nicht immer ein Vergnügen ist. Und deshalb macht sich Diana auch daran, dem Leerlauf ihrer öffentlichen Ehe einen Todesstoß zu versetzen. Sie muß, um sich selbst glücklich zu machen, den goldenen Käfig, in dem sie sitzt, zu einem bemitleidenswerten Ort machen. Sie sei nicht die »Princess of Wales«, schreibt sie später, sondern der »Prisoner of Wales«, die Gefangene.

Und so plaudert sie, und sie nimmt ihre Gedanken auf Tonbändern auf. Sie sucht sich jemanden, der aus diesen Tonbändern einen öffentlichen Skandal zurechtschreiben wird. Sie trägt Sorge dafür, daß es keine Spuren geben wird, die auf die Quelle hinweisen werden, weil ihr das doch zu riskant erscheint. Es ist das erste Mal in der Geschichte dieser Monarchie, daß ein Mitglied der Familie über das wirkliche Geschehen in der Familie berichtet. Es ist ein Verrat, der ihre Stellung am Hof gefährden könnte.

Was Diana über einen gemeinsamen Freund, James Colthurst, dem *Sunday Times*-Journalisten Andrew Morton übermitteln läßt, läßt sich als gekürzte Abschrift der Tonbänder in der Neuauflage der Diana-Biographie Mortons nachlesen. Nach Dianas Tod 1997 hat Morton sie als Vorwort aufgenommen (und damit das Erscheinen der lukrativen Neuauflage nötig gemacht), weil er seiner Schrift »die historische Authentizität« verpassen wollte: Dies sei die »wahre Geschichte« (so der Titel) der Diana Spencer, Prinzessin von Wales. Der Text offenbart allerdings nicht nur, daß es in der Tat Dianas eigene Worte waren, die Mortons Lebensbeschreibung an der Leine geführt haben, sondern auch, wie stark Morton sich zum Werkzeug hat machen lassen. Dianas Beichte ist ungefähr so historisch korrekt wie Marion Crawfords Kinderstubenromanzen. Natürlich liegt auch Wahrheit in Dianas *oral history*. Aber eben nur die eine, geschickt sich selbst zurechtgelegte Wahrheit.

Als Mortons Erstfassung von *Diana – Ihr wahres Leben* im Juni 1992 in der *Sunday Times* vorabgedruckt wird und einen öffentlichen Aufschrei des Entsetzens hervorruft, befindet sich das Schreckensjahr für Elisabeth längst in fortgeschrittenem Stadium. Dabei hätte es ein gutes Jahr werden sollen: Es ist ihr vierzigstes auf dem Thron, Anlaß für ein wohlwollendes Fernsehporträt und für eine von geradezu individueller Zärtlichkeit gekennzeichneten Eloge aus der

Feder Ted Hughes', des *Poeta laureatus* – des Hof-Dichters Englands.

Doch das Pastorale ist schnell zerstört. Im Januar gelangen detaillierte Bildberichte über die feucht-fröhlichen Liebesspiele der Herzogin von York mit dem texanischen Öl-Millionär Steve Wyatt an die Presse. Im Februar ist Elisabeth in Australien, wo die zunehmend anti-royalistische Stimmung für einen jahreszeitlich unpassend frostigen Empfang sorgt. Charles und Diana hat es währenddessen nach Indien verschlagen, wo die Prinzessin mit geschickter Hand den Bruch ihrer Beziehung für die Presse wunderbar illustriert: Als der Prinz sie in der Öffentlichkeit zu küssen versucht, dreht sie gewandt und zügig den Kopf zur Seite, so daß er – im Blitzlichtgewitter – wie ein ungeschickter Freier mit seinen Lippen auf ihren Wangen landet. Und dann läßt sie sich fotografieren, allein, in der Totalen, in rotem Tuch vor dem Grabmal einer Traumprinzessin, dem Taj Mahal. Die hungrigen Hofberichterstatter bekommen ein Festmahl präsentiert.

Im März muß Elisabeth nicht nur das Parlament auflösen, weil Margaret Thatcher neu wählen lassen will, sondern auch die Ehe der Yorks, weil Andrew den Unartigkeiten seiner Gattin nicht länger zuschauen möchte. Ende März stirbt Dianas Vater Johnnie, und die Prinzessin ist nur mit Mühe dazu zu überreden, ihren Ehemann bei der Beerdigung an ihre Seite zu lassen. Im April gibt Prinzessin Anne bekannt, daß sie sich von Mark Phillips scheiden lassen möchte – in Trennung haben die beiden schon länger gelebt.

Die Rest-Idylle bricht also zusammen wie ein Kartenhaus, jetzt auch für das Publikum sichtbar, dem das Ausmaß des Desasters bislang verborgen geblieben ist. In der prächtigen Kulisse der Paläste, unter dem Glanz von Kronjuwelen und -leuchtern zeigt sich die Beziehungslosigkeit des Jahrhunderts in nie gekannter Intensität. Was da zusammenbricht, ist nicht nur die Inszenierung einer Vorzeigeehe, sondern ein zentrales Moment der Monarchie an sich: Die Idee nämlich, daß die Königliche Familie in ihrer Vollkommenheit letztlich die nationale Familie symbolisiert. Kein Wunder, daß die Fragen nach dem Sinn und Zweck dieser Institution nun von allen Seiten gestellt werden.

Der Dauerbrand im Königshaus bereitet die Öffentlichkeit auf den Schock, den Andrew Morton aufzutischen hat, gut vor. Der

Überraschungseffekt ist also weniger überwältigend, was interessanterweise aber dazu führen wird, daß die Botschaft tiefer dringen und der Effekt länger anhalten wird.

Mortons Buch ist zunächst ein Enthüllungsstück. Natürlich ist vorher längst allen klar, daß die Ehe von Charles und Diana am Boden liegt. Aber hier werden die Gründe geliefert: Die Krankheit der Prinzessin, von der die Öffentlichkeit allenfalls vage geahnt hat. Die Langzeitaffäre des Prinzen mit Camilla Parker-Bowles, die absolut im Dunkeln geblieben ist. Als Zusatzschock kommt die Nachricht, daß Diana mehrfach versucht hat, sich das Leben zu nehmen. Es geht hier nicht um Kleinigkeiten, suggeriert das Buch seinen Lesern, nicht nur um Hofgeschwätz. Hier geht es ums Ganze.

Mortons Version des Märchens mit tragischem Ausgang ist so glasklar aus der Diana-Perspektive erzählt, daß der Verdacht, Diana habe – mindestens über Mittelsmänner – eine Beteiligung an der Entstehung gehabt, schnell zu einer Gewißheit wird. Um jegliche Unklarheiten zu beseitigen, lehnt es Diana in einem Interview kurz nach Mortons Veröffentlichung auch noch ab, die Möglichkeit einer Mithilfe aus dem Kreis ihrer Freunde eindeutig zu verneinen. Das Nicht-Dementi kommt den Hof-Astrologen einer Bestätigung gleich. Daß es Diana selbst war, die tonbandweise Morton mit Informationen fütterte, wird man erst nach ihrem Tod zweifelsfrei wissen. Aber bereits zu ihren Lebzeiten wird das Buch als eine Kampfansage des Diana-Camps gegen die Spitze der Monarchie gedeutet. Die Gegenüberstellung von der gefühlsstarken, guten und warmen Diana und der kalten, grausamen und indifferenten Windsor-Belegschaft gibt anderen Interpretationen wenig Chancen.

Dabei ist Diana alias Morton durchaus vorsichtig geblieben. Die Queen selbst wird mit Samthandschuhen angefaßt: Sie habe »hohen Respekt« vor Elisabeth, wird Diana zitiert, sie werde die Königin »niemals enttäuschen«, soll die Prinzessin ihrer Clan-Chefin versprochen haben. Der Angriff geht *expressis verbis* gegen Charles, den Ehebrecher, den Beziehungs- und Gefühlskrüppel.

Was zwischen den Zeilen steht, ist allerdings etwas anderes. Dianas »wahre Geschichte« kann durchaus als Generalangriff auf die Institution des Königshauses Elisabeths verstanden werden. Kein Zweifel wird schließlich daran gelassen, daß es die Atmosphäre dieses Hofes, die Gefühlskälte dieser Familie, die Unflexibilität und

Kommunikationsschwäche der »Firma Windsor« sind, die den Traum des jungen und unverdorbenen Kindergartenmädchens vom Coleherne Court in einen Alptraum verwandeln. Tropf Charles sitzt auf der Anklagebank. Gemeint sind aber die Windsors im Kollektiv.

Nach außen gibt sich Buckingham Palace entsprechend kämpferisch. Mortons Buch wird als kranke Phantasie eines überkandidelten Journalisten niedergemacht. Bischöfe, Universitätsprofessoren, Unterhausabgeordnete beklagen in seitenlangen Besprechungen das »ätzende Machwerk« als Attacke auf den guten Geschmack und wünschen im Geiste den Autor wie einst die Hochverräter in den Tower von London. »Inside Buckingham« sieht man den Konsequenzen eiskalt ins Gesicht. Charles und Diana treffen sich schon am 8. Juni, einen Tag nach der ersten Veröffentlichung in der *Sunday Times*, um über das nunmehr öffentliche Ende ihrer Beziehung zu sprechen. Das heile Bild ihrer Ehe ist als lächerliches Stück enttarnt, und aus der Ehe selbst kommt nicht die Kraft, daran noch einmal etwas zu ändern. Allein, das Procedere der Trennung ist eine komplizierte Angelegenheit. Man ist nicht eingerichtet auf solcherart Veränderungen.

Charles hat deshalb bereits mit seiner Mutter gesprochen, als er sich mit Diana trifft. Auch das Kabinett ist informiert. Scheidung, so dämmert es den Politikern im Palast und im Parlament, steht nicht zur Debatte – das würde die Thronfolge gefährden. Eine Trennung wird diskutiert, kühl, als ginge es lediglich um den Umzug der Prinzessin von Highgrove nach Kensington Palace. Hinter der ruhigen Argumentation aber brodelt es. Die Queen ist entsetzt darüber, daß die Prinzessin Mortons Fabulierlust gefördert hat. Verletzt fühlt sich Elisabeth auch von der Presse. Niemand, der sie oder die Ihren vorgewarnt hätte.

Bevor sie am 2. Dezember wird verkünden lassen, daß die Ehe der Thronfolger in einen gasförmigen Aggregatzustand übergehen darf, wird Elisabeth durch ein weiteres trauriges Ereignis darauf gestoßen, wie ambivalent das Verhältnis der Untertanen zu ihrer Familie mittlerweile geworden ist.

Am 20. November 1992 bricht in Windsor Castle ein Feuer aus. Schnell breiten sich die Flammen auf ein Fünftel der riesigen Schloßanlage aus. Über der großen, prächtigen St. Georgs-Halle bricht das Dach zusammen, und obwohl das wertvolle Mobiliar und der überwiegende Teil der Gemäldesammlung nicht von dem Feuer beschädigt wird, zeigt sich die Königin hart getroffen. Windsor ist das Heim ihrer Kindheit – mit diesem Ort fühlt sich Elisabeth am intimsten verbunden. Daß es mangels Gebäudeversicherung für die rund 110 Millionen Mark Reparaturkosten keine umgehende Dekkung gibt, trägt nicht eben zur Hebung der Stimmung bei. Zudem löst das Feuer erneut eine unbequeme Finanzdebatte aus.

Würde man dem amerikanischen Wirtschaftsmagazin *Forbes* Glauben schenken wollen, dann dürfte der Rechnungsbetrag im Privatvermögen der »Firma Windsor« noch nicht einmal eine Delle hinterlassen: Über 20 Milliarden Mark schreiben die Amerikaner der Queen schon 1989 auf die Aktiva-Seite. Im Palast lächelt man ob solcher Zahlen allerdings nur höflich und zurückhaltend. Die etwas bescheideneren, aber auch gerne zitierten »300 Millionen Mark« seien »weit übertrieben«. Genau beziffern will den Umfang der Schatulle niemand. Ein Teil des königlichen Vermögens ist nämlich festgefroren, in Palästen und in der immensen Gemälde- und Kunstsammlung der Queen, die zwar von ihren Familienvorfahren zusammengestellt wurde, aber längst als nationales Eigentum und als entsprechend unverkäuflich gilt.

Umstritten ist in diesem Zusammenhang auch der Umstand, daß die Queen für das durch ihre Domänen abfallende Einkommen keine Steuern zahlt, obwohl sie über die sogenannte »Civil List« aus Steuermitteln eine jährliche Aufwandsentschädigung für sich und eine ganze Reihe von Familienmitgliedern erhält – immerhin mehrere Millionen Mark. Wie sehr solche Arrangements, nicht zuletzt im Windschatten des Morton-Buches, mittlerweile öffentliche Sprengkraft beinhalten, zeigt die Auseinandersetzung, die sich in den Tagen nach dem Brand entwickelt. Als Peter Brooke, Minister für das Volkserbe, wie der Kulturminister in jener Zeit peinlicherweise genannt wird, am Morgen nach dem Brand wohlwollend verkündet, die Staatskasse würde für den Wiederaufbau geradestehen, ruft er wütende Proteste auf den Plan (und muß den Vorschlag zurückziehen). Die Diskussion um die Steuerpflicht der Queen entbrennt leidenschaftlich aufs Neue, um am 22. November mit einem überraschenden, allerdings lange vorbereiteten Schritt beendet zu werden: Der Hof erklärt, man werde ab 1993 für einen Großteil der Einkünfte

Steuern zahlen und die »Civil List« auf drei Mitglieder der Familie verkürzen: die Königinmutter, die Königin und den Prinzen von Wales.

Das eigentliche Signal ist zu diesem Zeitpunkt allerdings schon gegeben: Zwei Tage zuvor, am Tag des Brandes also, hat Elisabeth eine ungewöhnliche und für die Geschichte der britischen Monarchie maßgebliche Rede gehalten. In Guildhall – dem stolzen Sitz der Vorsteher des Londoner Geschäftsviertels »City of London«, die der Königin unmittelbar unterstellt ist – wird in einem Festakt das 45. Jubiläum der Königlichen Hochzeit begangen. Mit einer vom Rauch noch etwas belegten Stimme beschreibt Elisabeth die zurückliegenden Monate »in den Worten eines meiner mitfühlenden Korrespondenten als *annus horribilis*« – als das Schreckensjahr ihrer Thronzeit, auf das sie, wie es im Redetext in der für die Monarchin typischen Zurückhaltung heißt, »nicht mit unverdünnter Freude zurückschauen« werde. Und dann fügt sie hinzu: »Keine Institution – die City, die Monarchie, welche auch immer – sollte erwarten, von der mißtrauischen Beobachtung derjenigen frei zu sein, die ihr Loyalität oder Unterstützung entgegenbringen; von denen, die das nicht tun, gar nicht erst zu reden.« Das ist aufregend für die britische Monarchie: Der Staatssouverän deutet die Bereitschaft zum institutionellen Wandel an. Der Historiker Ben Pimlott weist freilich zu Recht darauf hin, daß Elisabeth damit nicht zur Revolutionärin wird. Die Modernisierungsdebatte forcieren will sie nicht. Eher bittet sie von der Guildhall aus ihr Volk um Verständnis und Anteilnahme für die Schwierigkeiten, in denen sich das Königshaus in diesen Zeiten befindet.

Erfolg erzielt die Queen mit ihrer Bitte zunächst nur für ein paar Tage. Schon weil vom Hof aus kurze Zeit später das umstrittene Steuerprivileg aufgegeben wird, wird die Guildhall-Rede von den Medien als Auftakt eines Rückzugs mißverstanden, als Niederlage des Königtums. Die Boulevardpresse feiert sich als siegreiche Anwältin des Volkes.

Ausgerechnet. Die Kampagne der Medien hat im Vorfeld von Brand und Bekenntnis – und angeheizt durch den kommerziellen Erfolg von Mortons Buch – ganz neue »Qualitäten« angenommen. Einen Monat nach dem »Wahren Leben« schickt der *Mirror* ein paar Bilder Sarah Fergusons in die Schlacht, um die aktuellen Grenzen des öffentlichen Interesses auszuleuchten. Fergie ist zwar grobkörnig, aber eindeutig *topless* zu bewundern – und im Begriff, sich von ihrem Freund John Bryan die Fußzehen küssen zu lassen. Der Auflagenerfolg der Konkurrenz läßt die *Sun* den publizistischen Giftschrank öffnen. Der Marktführer des schlechten Geschmacks druckt vier Tage später die Abschrift eines Telefonats ab, das Diana am Neujahrsabend 1989 mit ihrem Vertrauten James Gilbey geführt haben soll. James nennt Diana darin »Squidgy«, Diana das Leben mit der Königlichen Familie – »this fucking family« – passend zum Morton-Buch »eine Tortur«. Aus ihren Andeutungen ist ferner zu schließen, daß der Vertraute durchaus auch ein Intimfreund ist. Dianas Ansehen, soeben noch durch das Morton-Buch ins Göttliche gehoben, bricht zusammen.

Das Abhörprotokoll wird einem Funkamateur zugeschrieben, der seine Freizeit damit verbringen soll, die Frequenzen des Mobiltelefon-Verkehrs abzuhören. Doch Berichte über eine merkwürdige Differenz zwischen dem Zeitpunkt des Telefonats und dem Zeitpunkt der Aufnahme lassen den dringenden Verdacht entstehen, daß es sich bei der Abhöraktion um eine gezielte Indiskretion des Geheimdienstes gehandelt haben könnte. Wäre dem so, muß zumindest festgestellt werden, daß sich die Urheber der Intrige offenbar nicht ganz darin einig gewesen sein können, was sie eigentlich erreichen wollten: Auf »Dianagate« folgt nämlich im Dezember – nur ein paar Tage nach der Trennungsankündigung – »Camillagate«. In diesem Telefonmitschnitt biedert sich Charles seiner ewigen Geliebten an, unter anderem unter Bezugnahme auf einen weiblichen Hygieneartikel, was die Wiederherstellung seines öffentlichen Ansehens nicht gerade unterstützt.

Der Krieg steckt also in seiner heißen Phase, die Intrige tobt. Aber wer steckt hinter was? Das höfische Establishment hinter dem Versuch, die unliebsame (weil zu beliebte) Prinzessin von Wales zu vernichten, wie schon zu diesem Zeitpunkt Diana und nach ihrem Tod die Verschwörungsliebhaber und Di-Freunde behaupten werden? Oder Diana selbst, meisterhaft in der Manipulation der öffentlichen Meinung, mit dem dringenden Wunsch, ihren Mann zu dekonstruieren und ihren ältesten Sohn putschartig auf den Thron zu hieven? Oder gar, wie die überschaubare Gruppe englischer Republikaner hofft, die demokratische Macht der Medien auf ihrem Feldzug gegen den Anachronismus der Monarchie?

Fest steht: Kein einzelner Strippenzieher, sondern ein bißchen von allem. Es ist nicht nur der Hof oder Diana, die hinter dem öffentlichen Gemetzel stehen, sondern die tiefgreifende Veränderung der allgemeinen Spielregeln. Die Öffentlichkeit – und also die Medien, vor allem die königtumstreuen – hat sich unverrückbar auf eine schizophrene Perspektive versteift: Man will die Königin und den Prunk der Tradition, man will das große Spektakel, und doch straft man beides zugleich mit verachtender Kritik. Der »Kampf«, der sich in der Auseinandersetzung der beiden hauptsächlich literarischen Figuren Queen Elisabeth und Lady Diana zu erkennen gibt, verschärft noch diesen eigenartigen Trend. Weil die Monarchie um Glaubwürdigkeit ringt, sich selbst und ihre Integrität permanent in Frage stellt, gibt sie ihre eigentliche Wirkungsmöglichkeit preis. Nicht länger aus sich selbst heraus und unvermittelt wirkt nun die Krone, sondern über Journalisten, Pressesprecher und Imageberater.

Es ist womöglich Elisabeths schwerwiegendster Fehler gewesen, daß sie dies vielleicht bemerkt, aber nur unzureichend beherzigt hat. Wenn man von der Guildhall-Rede absieht (die nur in ihrer Singularität so aufsehenerregend ist), hat Elisabeth sich in den Monaten nach Morton eher zurückgezogen. Am Hof wird das damit begründet, daß die Königin jeweils aktuelle Probleme lieber in den großen, den historischen Zusammenhang stellt und damit auf ihr Normalmaß zurechtstutzt. »Es geht ihr um den langen Atem, die Kontinuität«, heißt es aus ihrem engsten Kreis: Sie nimmt nur äußerst selten Stellung zum Tagesgeschehen, weil sie daran *glaubt*, daß sich die Aufregung eher wieder legen wird, wenn sie sich den eigentlichen Aufgaben der Monarchie widmet – dem Repräsentieren, dem Symbolisieren und dem höfischen Ritual.

Aber in dieser Krise funktioniert diese Taktik nicht. Der Rückzug auf die traditionelle Sitte, trotz allem Aufruhr zumindest den Anschein der Normalität walten zu lassen, läßt eher den Verdacht von Realitätsverlust entstehen. Es ist so unerhört naiv wie erschreckend wahr, daß Elisabeth von Juli bis November 1992 darauf besteht, daß die Ehe ihres Sohnes aufrechtzuerhalten sei, und daß es eine Trennung der beiden völlig unmotivierten Ehepartner nicht geben dürfe. Daß sie den Erzbischof von Canterbury zum Eheberatungsgespräch bemüht, mag ja noch gut gemeint sein; aber daß sie von Charles und Diana fordert, auf der Reise nach Südkorea das glückliche Ehepaar zu spielen, beschert dem Hof eine peinliche Erfahrung. Die beiden werden von der begleitenden Presse durchleuchtet, der Besuchsgrund verschwindet zugunsten des eigentlichen Interesses, Beachtung findet allein jeder fehlende Blickkontakt, jede unwillige Handbewegung, jedes Anzeichen dafür, daß stimmt, was Morton schreibt.

Elisabeth öffnet durch ihre Passivität eine Flanke, in die Diana und stellvertretend für die Prinzessin die aufgebrachten Medienmacher wieder und wieder einschlagen können. Es ist in diesen Tagen, daß sich das Image der weichen, warmen und sympathischen Diana und das der kühlen, distanzierten und steifen Königin festigt. Und dieses Bild wird nach dem Tod der Prinzessin zum Fluch werden.

Daß auch Diana damals scheitert, ist dagegen mittlerweile in Vergessenheit geraten. Charles' Demontage hat ihre Rachsucht befriedigt, aber Zufriedenheit hat Mortons Buch nur für einen Augenblick gebracht. Diana sieht sich diskutiert, in Frage gestellt, bis in das letzte Kämmerchen ihrer Seele ausgeleuchtet. Alles – selbst »Camillagate« – schiebt sie dem intriganten Palastapparat in die Schuhe; ständig sieht sie sich (dabei im Duett mit Sarah Ferguson) persönlich angegriffen von den Adjutanten des Exehemannes. Diana aber zieht sich nicht zurück. Hektisch – und, wie Oliver James später schreiben wird, in der Art einer Abhängigen – ergreift sie selbst die Initiative, führt sich den Journalisten vor und findet aufregende Momente triumphaler Selbstdarstellung. Ihr wohltätiges Engagement, lange vor Diana ein beliebtes Spielfeld für den königlichen Anhang, wird professionalisiert. Diana nimmt Sprachunterricht bei Filmregisseur Sir Richard Attenborough, um ihre Redegewandtheit vor größerem Publikum zu verbessern. Als neue *location* entdeckt Diana Hospize, Zufluchtsorte für unheilbar Kranke, die sie so »privat« besuchen kann, daß die Presse es noch mitbekommt, aber dabei nicht zugucken darf. Die Fernsehkameras tauchen ersatzweise an Operationstischen auf, über die – zum Ärger der Ärzte – die geschminkte Prinzessin mitleidige Blicke wirft. Als Zusatzkompetenz wird die Mutterschaft betont, der sich Diana mit neuem Schwung widmet. Ruhelos reist die Prinzessin mit und ohne Kinder um die Welt, von Termin zu Termin, und ihre Kritiker werden das Gefühl nicht los, daß sie nur reist, um sich vor unterschiedlichen Kulissen fotografieren zu lassen: beim Reiten in der Karibik, mit den jungen Prinzen im Urlaub in Amerika, beim Essen mit armen schwarzen Kindern in Südafrika – und jedes Bild zeigt ein scheues Lächeln.

Diana liefert also, was das Publikum im Grunde auch von den anderen Royals will: Präsenz im öffentlichen Leben gepaart mit sozialem Engagement und Glamour. Im Vergleich zu Diana wirken die Exfamilienmitglieder wie unbewegliche Statisten. Prinz Charles erscheint steif und unnahbar, und allein, daß er Polo spielt, zur Jagd geht und an Flußufern Aquarelle malt, macht ihn zum schrecklichen aristokratischen Spießer. Seine Geschwister werden als Snobs gründlich abgewertet, sein Vater als tolpatschiger Kommißkopf – nur Queen Mum wird für ihre senile Großmütterlichkeit geliebt. Und Elisabeth? Es ist noch etwas vom üblichen Respekt einer Königin gegenüber vorhanden, doch jedes unwürdige Ereignis in ihrem Clan fällt auch auf sie zurück, macht auch die Queen ein wenig menschlicher und damit zum Objekt der Kritik. Ihr Schweigen, ihre Indifferenz den Tagesthemen am Hofe gegenüber lassen sich als Überheblichkeit auslegen. Und so werden sie auch zunehmend interpretiert.

Diana aber nützt das alles nichts. Ihr Ringen um die Kumpanei der Medien geht fruchtlos aus, ganz egal, wie tief ihre Gegenspieler auf der Beliebtheitsskala stehen. Die Journalisten sind kein wohlwollendes Publikum, nicht immer zumindest. Die Presse ist ein Sparringspartner ohne Skrupel. Die Hofberichterstatter und -astrologen lassen sich nicht auf fingierte Kämpfe mit sicherem Ausgang ein – zumal nicht, wenn es um Eitelkeiten oder Geld geht. Der kommerzielle Erfolg des Morton-Buches (nach einem Jahr hat sich das gute Stück zwei Millionen Male verkauft) hat den Wunsch nach einer kontinuierlichen Wiederholung eines solchen Absatzes übermächtig werden lassen. James Whitacker, Arthur Edwards und Judy Wade – drei Morton-Kollegen aus dem sogenannten höfischen »Rattenpack«, dem ewigen Verfolgertroß der Windsors – schreiben jeweils noch ganz erträgliche Nacherzählungen des großen Ganzen und bieten eigene Sichtweisen zum Gang der Geschichte vom Ufer des Dee bis zum Ehebruch. Die Tagespresse ist weniger gehalt- und gnadenvoll. Weil sich Diana mit dem *Daily Mail*-Reporter Richard Kay in der Öffentlichkeit sehen läßt, während sie anderen Journalisten strikt die kalte Schulter zeigt, bläst die übermächtige *Sun* zur Attacke. Während dort Kay und Diana »nur« fragwürdiger Machenschaften bezichtigt werden, entlarvt die Sonntagspostille *News of the World* aus demselben Verlag weitaus folgenschwerer Dianas bizarres Verhältnis zu dem Kunsthändler Oliver Hoare, den sie nachweislich über Monate hinweg telefonisch belästigt hat. Der *Mirror* kauft Fotos, um Diana in reichlich ungünstiger Stellung in ihrem Fitneß-Studio zu zeigen, und die Zeitschrift *Hello!* erwirbt Aufnahmen von einer barbusig sonnenbadenden Diana, um sie angeblich eben *nicht* an die Öffentlichkeit gelangen zu lassen (um aber ausgiebig darüber zu schreiben, wie heldenhaft man doch ist). Im Dezember 1993 wird Diana versuchen, dieser medialen Überhitzung mit der Ankündigung ein Ende zu bereiten, daß sie sich »vom öffentlichen Leben zurückziehen werde« – was aber nur heißen wird, daß sie künftig weniger offizielle Termine für eine ausgewählte Zahl wohltätiger Vereine wahrnehmen wird. Dem neugierigen Blick der Medien entkommt sie damit nicht.

Hätte Diana es anders machen können? Hätte sich Diana wirklich aus der Öffentlichkeit zurückziehen können, so wie es mutmaßlich ihre Schwiegermutter vorgezogen hätte? Der britische Bestseller-Autor und Tory-Lord Jeffrey Archer, der mit der Prinzessin über Jahre hinweg ein freundschaftliches Verhältnis pflegte, hat darauf hingewiesen, daß Diana nach der Trennung von Charles »keinen festen Job« hatte, keine klar definierte Aufgabe. Weil das Palast-Establishment ihr die kalte Schulter zeigte (und von ihr wiederum mit erheblichem Mißtrauen beäugt wurde), fehlte ihr auch das Schutzschild der höfischen Traditionen. Quasi über Nacht sah sich die Prinzessin demnach gezwungen, nicht nur ein neues Image, sondern gleich ein neues Tätigkeitsfeld zu finden, eine Lebensversicherung und einen Daseinszweck über das reine Muttersein hinaus. Der einzige Weg, der sich ihr scheinbar eröffnete, war der des anhaltenden Kampfes um mediale Präsenz, um die Liebe der Öffentlichkeit. Diana kann nicht ohne emotionale Verbindungen leben – das ist ja ihr Problem, schon seit ihrer Jugendzeit.

Elisabeth hat das Daueropfer am Altar des öffentlichen Interesses wahrlich nicht forciert, aber sie hat es auch nicht vermocht, die Eskalation der publizistischen Schlacht zu verhindern. Die hatte schon im Spätsommer 1992, wenige Wochen nur nach dem Erscheinen des

Morton-Buches, ihren Schatten über die Windsors geworfen. Im Freundeskreis Charles' war die Veröffentlichung einer wohlwollenden Biographie über den Prinzen samt einer begleitenden Fernsehsendung diskutiert und von den meisten dann verworfen worden. Prinz Charles aber hatte Gefallen an der Idee gefunden, sein geschundenes Ansehen durch eine PR-Offensive zu polieren. Mit Jonathan Dimbleby fand er für diese Aufgabe einen Buch- und Fernsehautor von höchstem Ansehen – und einen Freund. Diana wußte von Dimblebys Arbeit und hatte Angst vor dem Ergebnis. Wie sollte es anders sein: Sie hatte mit Morton einen Angriff auf Charles gefahren. Die ebenfalls zwischen zwei Buchdeckeln gepreßte Antwort könnte nicht friedfertig ausfallen.

Sie kommt am 29. Juni 1994 in Form der Fernsehdokumentation »Charles: The Private Man, the Public Role« im dritten privaten Programm ITV, und sie kommt weit subtiler daher, als Diana es womöglich erwartet hat. Dimbleby taucht das Leben des Prinzen natürlich in ein weicheres Licht als der parteiische Morton, aber er hält sich mit Attacken gegen Diana merklich zurück. Die Prinzessin kommt vielmehr nur am Rande vor – wie ein vielleicht schmückendes, vielleicht aber auch störendes Accessoire im Leben des Thronfolgers – jedenfalls nicht als zentrale Figur. Genau diese Marginalisierung ist das eigentliche Ärgernis für Diana. Und die gutverpackte Lüge, mit der der Prinz schlagzeilenträchtig eine Frage Dimblebys beantwortet: »Waren Sie, haben Sie *versucht*, Ihrer Gattin treu und ehrenhaft zu sein, als Sie das Eheversprechen auf sich nahmen?« fragt der Journalist. »Ja, absolut«, antwortet Charles. »Und waren Sie es?« hakt Dimbleby noch mal nach. »Ja«, antwortet der Prinz und zögert kurz, »bis sie (die Ehe) unwiderbringlich zusammengebrochen war.« Charles räumt also indirekt seine Untreue ein – aber erst für die Zeit »danach«.

Ihren Freunden gegenüber zeigt sich Diana gekränkt. Nach außen trumpft sie auf. Am Abend der schon vorab heißdiskutierten Fernsehsendung, die immerhin 13 Millionen Briten an die heimischen Übertragungsgeräte fesselt, taucht sie äußerst cool auf einem langfristig geplanten Empfang in der Serpentine Gallery auf, ein paar Schritte nur vom Kensington Palace entfernt. In ihrem kurzen, schulterfreien schwarzen Wickelkleid schlägt sie die Fotografen sekundenschnell in ihren Bann – und ihren Mann anderntags von den Titelseiten. Dianas Botschaft ist eindeutig: »Ich habe meinen

Spaß, was auch immer mein langweiliger Noch-Gatte anstellen mag. Einschüchtern lasse ich mich nicht.«

Es mag erstaunen, daß sich Elisabeth über den Fernsehauftritt so wenig glücklich zeigt wie ihre Schwiegertochter. Elisabeth hat sich schließlich längst auf die Seite ihres Sohnes gestellt und äußert in »einschlägigen Kreisen« die Sorge, daß die Schwierigkeiten mit Diana ihn davon abhalten könnten, ein guter König zu werden. Aber Elisabeth teilt die Einschätzung vieler Freunde (darunter Camilla Parker-Bowles'), daß die mediale Anbiederungs-Taktik des Prinzen nur Begehrlichkeiten wecken wird, noch stärker, noch detaillierter, noch intimer eingeweiht zu werden in das Leben des Thronfolgers. Die Queen hält nichts von einer Politik der offenen Türen.

Doch der eigentliche Ärger steht Elisabeth erst noch bevor: das Buch zum Film, *The Prince of Wales: A Biography*, das Dimbleby im November selbigen Jahres auf den Markt wirft. In dem sensationellen Buch, das den nicht minder historischen Besuch der Königin in Moskau in den Schatten stellt, schlägt sich der ITV-Journalist in seiner Beschreibung des Streits mit Diana kaum überraschend und deutlich auf die Seite von Charles. Dabei fährt Charles' Fürsprecher – um so überraschender – seine Attacke weniger gegen die Prinzessin, sondern vielmehr gegen die Königin, oder besser: die Mutter. Daß die Ehe der beiden habe scheitern *müssen*, sei nicht zuletzt der »mangelhaften familiären Aufzucht« des Thronfolgers zuzuschreiben, läßt Dimbleby seine Leser wissen. Die Mutter sei immer auf Distanz geblieben während der Vater als Tyrann aufgetreten sei, obwohl der junge Charles »Zuwendung und Anerkennung« gebraucht hätte. Auch der Prinz ist also Opfer.

Die Öffentlichkeit ist gespalten, aber hochinteressiert. Die Charles-Freunde freuen sich über steigende Zustimmungsraten. Die Diana-Freunde wittern eine böse Verschwörung und ärgern sich. Der Hof rümpft die Nase. Auch Elisabeth und Diana halten sich an ihre jeweiligen Konventionen. Die Königin schweigt eisern. Diana plant den Gegenangriff. Es dauert ein Jahr, bis dieser in gewohnt professioneller Manier gestartet werden kann. Lange hat Diana zunächst mit ITV Verhandlungen über ein »Porträt ihres Lebens« geführt, letztlich aber ohne Erfolg. Sie hat berühmten Talkshow-Gastgeberinnen Absagebriefe geschrieben, darunter Oprah Winfrey.

Ihre Wahl fällt schließlich – unter recht bizarren Umständen, wie sich später herausstellt, die unter anderem das Fälschen von Bankdokumenten durch Journalisten beinhalten – auf das BBC-Magazin »Panorama«, vielleicht als Antwort auf die ITV-Parteinahme für Prinz Charles. Martin Bashir, ein bis dahin wenig bekannter und für entsprechende Interviews eigentlich unbegabter Fernsehjournalist, wird von Diana nach langen Vorbereitungen zum Beichtgespräch geladen. Anfang November 1995 werden an einem Sonntagmorgen Kameras in den Kensington Palace geschmuggelt, wo in Abwesenheit jeglichen Personals still und heimlich das Interview aufgezeichnet wird. So heimlich, daß selbst die BBC-Spitze von dem merkwürdigen Procedere nichts weiß, bevor es – eine Woche vor der Ausstrahlung auf den Sendeplan gesetzt wird. Auch die Queen erfährt erst jetzt von dem Katz- und Mausspiel an ihrem Hofe.

Das Frage- und Antwort-Spiel wird am 20. November 1995 ausgestrahlt, genau drei Jahre nach dem Windsor-Feuer und also erneut am Hochzeitstag der Queen. Es ist, unbestritten, der größte Coup der BBC, seit die *Corporation* die Abdankung Edwards VIII. übertragen durfte. 22,8 Millionen Menschen schauen alleine in Großbritannien zu, weltweit wird die Sendung wieder und wieder gesendet. Bashir und seine Kollegen heimsen reihenweise Fernsehpreise ein für ihren *Scoop*.

Das »Panorama«-Interview ist auch in anderer Hinsicht sensationell: und zwar, kaum überraschend, weniger inhaltlich denn vielmehr formal. Diana sagt eigentlich nichts Neues in Bashirs Kamera. Sie wiederholt nur mit ihren eigenen Worten, was jeder mittelmäßig informierte Zuschauer schon aus Mortons Feder kennt. Die Nachricht steckt diesmal hauptsächlich in den Zwischentönen und in der Visualisierung: In ihrem in dunklen Tönen geschminkten Gesicht, ihren schmerzhaft offenen Zügen, ihrem wie stets geneigten Kopf, der den Blick von unten zwingend macht – Diana inszeniert sich vor der Welt perfekt als die Betrogene und Besorgte, als das Opfer jenes intriganten Palastes, aus dem ihr unmännlicher und unmenschlicher Gatte stammt. In einer zugeknöpften Nonnenhaftigkeit stilisiert sich die Prinzessin zur Mutter Theresa von Kensington und überdies zur guten Beschützerin ihrer wunderbaren Kinder. Diana wirkt vor der Kamera nachdenklich, ängstlich, in sich zurückgezogen, passiv. Niemand, der ihr böses zutrauen könnte. Bei ihren Zuschauern erreicht

Diana, was sie zu erreichen hoffte: 70 Prozent der Briten, so verraten es die Umfragen in den Zeitungen am nächsten Morgen, glauben nach der Sendung fest daran, daß Diana ein Opfer der Windsors geworden ist, und daß Charles für den Zusammenbruch der Ehe die Verantwortung zu tragen hat. Dianas sarkastische Umschreibung für die Untreue ihres Mannes wird zum Bonmot für tägliche Situationen: »Es gab drei von uns in der Ehe, und so war es etwas eng.«

Aber das Interview hat einen entscheidenden Nachteil. Als Videodokument lädt es geradezu zur nachhaltigen Analyse ein – und die fällt weitaus weniger positiv für Diana aus. In ihrem eher polemischen Werk *Diana on the Edge* (*Diana am Abgrund*) werfen Chris Hutchins und Dominic Midgley der Prinzessin eine krude und noch nicht einmal besonders geschickte Manipulation des Mediums vor. Sie lassen die »Aahs« und »Oohs«, die »Yups« und die »Wells« aus Dianas Antworten von Psychologen und Linguisten zählen und interpretieren. Diana sei ausweichend gewesen, finden die Experten heraus, sie habe sich selbst widersprochen und dem (ungeschickten) Interviewer das Gespräch völlig aus der Hand genommen, ohne daß man es sogleich bemerkt hätte. Nur deshalb habe alles so gut für Diana ausgesehen. Auch sie sei ja zum Beispiel gefragt worden, ob sie untreu gewesen sei. »Ja, ich habe ihn angebetet. Ja, ich liebte ihn, aber ich bin sehr enttäuscht worden«, antwortet sie darauf. Und damit keine Nachfrage kommt, nimmt Diana geschwind den Gesprächsfaden auf und leitet über zum Thema Mutter: »Als das Buch (von James Hewitt – d. Verf.) herauskam, war das erste, was ich tat, runterzufahren zu den Kindern.« Nicht, daß das Interview von vorne bis hinten eine Inszenierung gewesen sei, sagen die Kritiker. Aber die Fragen waren abgesprochen und die Antworten vorformuliert. Anders ließe sich Dianas gekonntes Spiel mit Worten und Wahrheiten nicht erklären – wenn man bedenkt, wie schwer es der Prinzessin ansonsten fiel, in ein Mikrophon zu sprechen. In diesem Gespräch macht sie jedenfalls nicht einen taktischen Fehler.

Es gibt überdies eine wichtige und für Diana vermutlich nicht nur glückliche Auslassung in der Fragestunde. Der Name Will Carling fällt nicht, obwohl die Affäre der Prinzessin mit dem Kapitän der englischen Rugby-Mannschaft zum Zeitpunkt des Fernsehgesprächs noch gar nicht lange zurückliegt. Hewitt und Gilbey und all die anderen Zwischenstationen auf Dianas Suche nach einer neuen Liebe sind allesamt Singles gewesen. Will Carling steht dagegen, als Diana ihn 1993 im gemeinsamen Fitneß-Club zu ihrem Liebhaber macht, kurz vor dem Traualtar. Die anhaltende Affäre mit der berühmtesten Frau seines Landes kostet Carling schließlich den Respekt der Sportwelt ebenso wie den seiner frischverheirateten Julia, die ihm 1995 unter dem öffentlichkeitswirksamen Hinweis auf Diana die Trennung erklärt. Diana muß das peinlich sein. Sie wird sich zwar in dieser Affäre sicherlich nicht als Schuldige sehen wollen – Carling, könnte man meinen, hätte seine Julia ja nicht heiraten müssen, nachdem er der Prinzessin in ihrem ganzen Charme gewahr geworden ist. Aber Diana ist sich durchaus des Tabus bewußt, das sie mit dieser Liaison gebrochen hat. Der »getrennt lebenden« Thronfolgergattin verzeiht das Volk mit leicht mißbilligender Miene die auswärtigen Beziehungen. Aber daß die Prinzessin in die Ehe einer anderen einbricht? Es wird angenommen, daß Diana Martin Bashir die Auslassung der Carling-Geschichte zur Auflage gemacht hat, zur Vorabbedingung des Interviews. Andernfalls, so wußte sie, hätte sie ihren moralischen Vorsprung in der Konkurrenz zur dauer-ehebrechenden Camilla Parker-Bowles verloren.

Es ist eigentlich absurd, daß solche Erwägungen überhaupt noch eine Rolle spielen, aber so sind die Verhältnisse eben: Es geht um Königskinder, die allerdings nicht mehr miteinander spielen. Die Monarchie hat sich – schlag nach bei Bagehot – über das ganze Jahrhundert hinweg als Musterstück gesellschaftlicher Moral herausgeputzt. Deshalb hat man die privaten Angelegenheiten gerne unter allerhand Teppiche gekehrt, deshalb hat man sogar, im Falle Wallis Simpson, den Fortbestand der Institution an sich aufs Spiel gesetzt. Die anonymen Herrscher über die Prinzipien der Monarchie haben kein Königtum sehen wollen, das den Zeitgenossen als moralisch ausgehöhlt hätte erscheinen müssen – es hätte dem Ganzen den Zweck genommen. Daß die Untertanen etwa eine Scheidung und ein zweites Eheglück für sich selbst mittlerweile als normal empfinden könnten, ist dabei unerheblich. Die Monarchie, so die Monarchisten, könne allenfalls zögerlich nachvollziehen, was sich die Gesellschaft in fortgesetzten Befreiungskämpfen an neuen Lebensmodellen zu erobern wagt. So hat Edward seinen Thron hergeben, Prinzessin Margaret hat auf ihre Liebe verzichten müssen, und Charles und Diana mußten lange so tun, als sei noch was zu retten.

Und deshalb haben sie beide gelogen, als es um die Frage des »tatsächlichen« Ehebruchs ging (obwohl sie sich beide freiwillig in die öffentliche Lüge hineinmanövriert haben). So etwas dürfen Bürgerliche zugeben, aber am Hofe tut man das nicht. Nicht öffentlich zumindest.

Hat es Elisabeth am Ende selbst eingesehen? Oder haben die Hinterzimmergeneräle gegenüber den Bischöfen der anglikanischen Kirche solch einen Druck gemacht, daß sie irgendwann zugeben mußten, daß die Thronfolger-Ehe nicht mehr zu halten war? Womöglich hat sich, wie es die Historikerin Sarah Bradford nahelegt, Elisabeth in der Tat zu einer Entscheidung gezwungen gesehen, weil das kontinuierliche Auf und Ab der Pressekampagnen und Fernsehbeichten die erwünschte Moralität bloß noch als Lachnummer erscheinen ließ – und zugleich der Monarchie wirklichen Schaden zuzufügen begann. 1996 steht die Zustimmungsrate in Sachen Königshaus an einem historischen Tiefpunkt. Nur als Einzelperson kann die Queen noch für sich in Anspruch nehmen, von ihren Untertanen respektiert zu werden.

Im Dezember 1995 schreibt Elisabeth an Diana und an Charles einen gleichlautenden Brief, in dem sie die beiden auffordert, umgehend mit den notwendigen Verhandlungen einer Scheidung zu beginnen. Aus Charles' engerer Umgebung wird der Öffentlichkeit das Schreiben zugespielt, was Dringlichkeit und Aufruhr gleichermaßen erhöht. Nicht überall wird die Ankündigung vom nahen Ende der Thronfolger-Ehe mit Gelassenheit aufgenommen. Es gibt, zumal aus der Kirche, noch den einen oder anderen Widerstand, vor allem weil Charles als kommender König auch automatisch weltliches Oberhaupt der anglikanischen Kirche sein wird. Doch selbst die erzkonservative *Times*, die zu Margarets wilden Zeiten noch den Untergang des Abendlandes beschwören konnte, hält sich zurück. Während sich die Rechtsanwälte geschwind auf langwierige Verhandlungen zwischen den zerstrittenen Ehepartnern und dem Hof einrichten, lassen Prinz und Prinzessin es wie zur Akzeptanzsteigerung des Unterfangens noch einmal recht ordentlich krachen. Diana ist es, die die Scheidung von sich aus und ohne Absprache bekanntgibt: »Die Prinzessin von Wales hat dem Anliegen Prinz Charles' nach Scheidung zugestimmt«, heißt es einseitig und zum Ärger des Genannten. Sie werde Titel und Zugang zu den Kindern behalten, läßt Diana weiter vorsichtshalber wissen.

Am Ende und nach heftigem Gerangel hinter den Kulissen kommt es ein bißchen anders. Am 28. August 1996 wird die Ehe aufgehoben, und Diana verliert ihren königlichen Titel. Sie darf sich zwar weiterhin mit dem Ehrentitel »Prinzessin von Wales« schmükken, aber sie ist nicht mehr »Königliche Hoheit« und auch nicht mehr »Prinzessin Diana« – ein zwar in erster Linie protokollarischer, aber politisch umstrittener Hinweis darauf, daß sie von der Queen nicht länger als unmittelbares Mitglied der Königlichen Familie verstanden wird. Diana behält ihr mietfreies Apartment in Kensington Palace samt Büro in St. James und erhält von Charles eine Summe von 17 Millionen Pfund, rund 40 Millionen Mark. Um die Emotionen etwas zu dämpfen, zeigt sich Elisabeth (wenn auch eher der Öffentlichkeit denn ihrer Exschwiegertochter gegenüber) gnädig, indem sie mitteilen läßt, daß sie Diana als Mutter eines künftigen Thronfolgers bei Staatsanlässen und -feiern als Mitglied der Familie betrachten werde. Offiziell will die Queen Diana auch in ihrem Wunsche unterstützen, zur »Botschafterin des guten Willens« zu werden. Was auch immer das heißen mag.

Wo aber bleibt das Glück in dieser Geschichte? Elisabeth findet es zuweilen auf den Pferderennbahnen des Landes oder in ihren Stallungen in Sandringham – dort also, wo sie unter Pferdebesitzern und -trainern als beinahe normale Person auftreten kann, die mit den Umstehenden eine Leidenschaft teilt. Und sie findet es auch weiterhin in der Politik. Mit Margaret Thatcher hat sie sich angeblich nicht so gut verstanden; mit John Major schon besser. Tony Blair schließlich, der so wenig sozialistisch daherkommt, gilt der Königin als angenehmer Gesprächspartner. Jede Woche eine Stunde Audienz, wenn es sich einrichten läßt. Unter vier Augen werden dort die Staatsgeschäfte besprochen oder, wie Churchill behauptete, die Ergebnisse der Pferderennen vom zurückliegenden Wochenende. Nach außen dringt nichts, und protokolliert wird ebenfalls nicht.

Ist es schließlich Elisabeth selbst, die die unübersehbaren Veränderungen am britischen Hofe in die Wege leitet? Oder doch eher Charles, wie aus *seinen* Kreisen behauptet wird? Oder gar Prinz Philip? Die Höflinge machen natürlich die Königin selbst dafür verant-

wortlich, daß in den unruhigen Zeiten rund um das Scheidungsge-
witter (dem sich, was nicht unterschlagen werden sollte, auch Prinz
Andrew und Sarah im April 1996 unterwerfen) hinter den Mauern
von Buckingham Palace über tiefgreifende Veränderungen in der Organisation des Hofes debattiert wird. Eine Arbeitsgruppe wird eingerichtet: »The Way Ahead Group«. Der Pressestab wird verstärkt
und vermehrt an den Entscheidungen über anstehende Termine beteiligt. Der Palast wird aktiver in der Initiierung von Visiten innerhalb und außerhalb des Königreichs. Als Geste der Emanzipation
wird vorgeschlagen, das uralte Recht des erstgeborenen Sohnes auf
die Thronfolge durch das Recht des ältesten Kindes zu ersetzen, ganz
gleich, welchen Geschlechts das Erstgeborene sei. Die Regelung, die
auch im Unterhaus auf Zustimmung stößt, hat mittelfristig keine
Konsequenz, da sowohl der derzeitige Thronfolger als auch sein
Sohn jeweils Erstgeborene sind. Aber Elisabeth erkennt in der Neu-
regelung ein wichtiges Signal. Die Monarchie wird moderner, sagen
die Höflinge. Und sie glauben daran, auch wenn es nicht wenigen
Beobachtern alles einfach viel zu langsam geht.

Leistet Diana, wie später gerne behauptet werden wird, in dieser
Zeit ihren Beitrag zum Umdenken im Palast? Weniger wohl durch
das, was sie tut, als vielmehr dadurch, wie sie die Dinge gestaltet.
Diana gibt sich auch als geschiedene Prinzessin weiterhin Mühe, ihrem Publikum als warmherziges, zartfühlendes und anfaßbares Idol
zu erscheinen. Ihr soziales Engagement und ihre Fähigkeit, sich voll-
ständig in den Kernbereich des jeweiligen Problems hineinzubege-
ben, machen Eindruck und führen zum Erfolg. Zwei Touren nach
Süd- und Nordamerika, die Diana im Sommer 1996 im Namen gleich
mehrerer guter Zwecke absolviert, bringen ihr nicht nur Schlagzeilen ein, sondern auch reichlich Spendengelder. Sie macht sich gut –
so gut, daß ihr Einsatz gegen Landminen im Unterhaus zu besorg-
ten Einwürfen einzelner konservativer Abgeordneter führt, die um
die Gesundheit der exportorientierten britischen Waffenindustrie
fürchten. Und so gut, daß Tony Blair nach seiner Wahl im Mai 1997
die Prinzessin auf seinen Landsitz nach Chequers einlädt, um über
eine mögliche repräsentative Rolle für Diana zu diskutieren. Er will
den Zwist im Königshaus kitten, indem er beiden Seiten den nötigen
Raum zur Entfaltung bietet. Blair weiß, daß die Öffentlichkeit so etwas wünscht – die Wähler wären entzückt.

Doch Diana zeigt Nerven, sie wird fahrig, gibt sich unfair. Gegen das von Charles eingestellte Kindermädchen Tiggy Legge-Bourke, die schnell zur Favoritin von William und Harry avanciert ist, läßt die Prinzessin gleich eine ganze Lawine eifersüchtiger Gerüchte prasseln, begleitet von lächerlichen Anweisungen, um den Einfluß der Konkurrentin auf die Kinder zu beschränken. Schließlich fragt Diana die 30jährige direkt ins Gesicht, ob sie mit Charles eigentlich ins Bett gehe: »Ich hoffe, Du hast Spaß daran. Ich hatte es nie.« Legge-Bourke wehrt sich empört vor Gericht – ein peinlicher Moment für die Prinzessin. Nicht weniger offenkundig sind ihre Schwierigkeiten mit dem eigenen Personal. Nach und nach wechselt sich ihr gesamter Stab quasi von selbst aus, und auch Freunde springen ab.

Diana ist einsamer als je zuvor. Wie Andrew Morton nach ihrem Tod berichten wird, verbringt sie die Abende nicht selten allein vor dem Fernseher. Die Geliebte der Massen kann sich nicht mehr frei bewegen, weil sie von der Massenzuneigung erdrückt werden würde – und von der Neugier, die jede ihrer Bewegungen verfolgt, weil sich ja ein neuer Mann an ihrer Seite zeigen könnte.

Im Sommer 1997 nimmt Diana nur zögernd eine Einladung zu einem Badeurlaub an der Côte d'Azur an. Zögerlich, denn der Einladende gilt als umstritten im britischen Establishment. Muhammed al-Fayed ist nicht nur der Besitzer des Kaufhauses Harrods (und der dazugehörigen Kette House of Fraser), ihm gehört nicht nur die Zeitschrift *Punch* sowie die Pariser Villa von Edward und Wallis Windsor, das dortige Ritz-Hotel und eine Reihe britischer Schlösser und Anwesen. Mohammed al-Fayed steht auch im Zentrum eines jahrelangen Streites um den Harrods-Kauf sowie eines Bestechungsskandals um zwei konservative Exabgeordnete. Mohammed al-Fayed ist ein vergleichsweise egomanischer Multimillionär, dem zum Lebensglück über Jahrzehnte nur ein britischer Paß fehlt. Al-Fayed ist Ägypter, und er leidet darunter.

Diana gibt seinem Drängen nach. Man kennt sich schließlich seit Jahren, und auch Elisabeth ist dem grummeligen Ägypter mehrfach begegnet, nicht zuletzt beim Rennen in Ascot, wo er zu den Hauptsponsoren des Events gehört. Irgendwo, zwischen Feriendomizil mit Privatstrand und der riesigen Yacht des Ägypters, der 195 Fuß langen »Jonikal«, wird Diana dem ältesten Sohn al-Fayeds vorgestellt, Emad, genannt »Dodi«. Der 41jährige Playboy ist in Begleitung des kalifornischen Models Kelly Fisher angereist – mit seiner eigenen Yacht. Es ist sicherlich keine Liebe auf den ersten Blick, die sich zwischen Diana und Dodi entwickelt. Es dauert ein wenig. Unter dem faszinierten Dauerblick der Welt, vertreten durch eine Handvoll Paparazzi, muß zunächst ein lockeres, entspanntes Verhältnis entstehen, aber es entsteht. Die Folgen sind mutmaßlich besser dokumentiert als jeder andere Abschnitt im Leben der Prinzessin. Nach dem »besten Urlaub meines Lebens« wirft Diana sich mit ihrem neuen Schwarm in eine Liebesaffäre, die – wieder einmal – ganz märchenhafte Formen annimmt. Hubschrauberflüge, heimliche Treffen auf Privatyachten in versteckten Buchten, Dauertelefonate über Satellit, was kostet die Welt? Al-Fayed Senior zahlt über Umwege für Dianas Bosnien-Einsatz gegen Landminen, sein Sohn versorgt Kelly Fisher mit Schweigegeld und seine neue Geliebte mit teurem Schmuck. Am 21. August kehren die beiden zu einem letzten kurzen Urlaub auf »Jonikal« ans Mittelmeer zurück, den sie – Diana will zurück zu ihren Söhnen nach London – am 30. August mit einem Abendessen im Ritz abschließen wollen. Glücklich, aber doch deutlich genervt von der zunehmenden Aufmerksamkeit der Passanten und Pressefotografen treten sie kurz nach Mitternacht den Heimweg zu Dodis Apartment an. Um 0.24 Uhr steuert der Vizesicherheitschef des Ritz, Henry Paul, den ungepanzerten Mercedes 320 mit deutlich überhöhter Geschwindigkeit in die Unterführung am Place de l'Alma.

Nachwort

Der Tod von Paris hat der Geschichte der Prinzessin Diana auf groteske, um nicht zu sagen: perverse Weise eine Wendung zum Guten gegeben. Das klingt vielleicht zynisch angesichts des Todes eines Menschen und des Verlustes der Mutter für ihre beiden Söhne. Aber zynisch und grausam wäre es zweifellos auch gewesen, was das millionenfache Bedürfnis, die Angelegenheiten der Prinzessin en detail weiter zu verfolgen, mit Diana angestellt hätte. Im Tod ist die Gejagte, so hat es ihr Bruder Charles Spencer in jener so sonderbaren wie legendären Trauerrede in Westminster Abbey ausgedrückt, ihren Jägern ein letztes Mal entkommen. Sie hätten Diana nicht in Frieden gelassen: die Paparazzi nicht, die Zeitungsredaktionen nicht, und die gierige Kundschaft der Enthüllungsgeschichten schon gar nicht. Wenn Diana ihre »Drohung« wahr gemacht und begonnen hätte, sich wirklich aus der Öffentlichkeit zurückzuziehen, dann wäre die Liebe ihrer Anhänger ins Gegenteil umgeschlagen, dann wären die Kommentare ähnlich bösartig ausgefallen wie jene über ihre Schwägerin Fergie oder ihre »Nicht-Nachfolgerin« Sophie – dann hätte sich das Volk mit seinen Medien das Maul zerrissen über ihre Beziehung zu Dodi al-Fayed, »dem Mohammedaner«. Der Tod in Paris hat über das, was unweigerlich hätte kommen müssen, den gnädigen Mantel einer Tragödie und einer perfekten Legendenbildung gelegt. Diana durfte der Anbetung in der Anbetung entkommen. Ihre Liebe zu Dodi wurde geheiligt. Und Diana durfte endgültig zur Ikone werden.

Daß der Unfall von Paris seziert werden würde, zerlegt, sortiert, bewertet – was hätte man nach dem beschriebenen Leben Dianas anderes erwarten sollen? Und überdies: Verlangten die Umstände ihres Todes nicht geradezu nach einer endlosen Nachbearbeitung, einer Verlängerung der Lebenskonflikte, einer Fortsetzungsgeschichte in den Graubereich der Spekulationen hinein? Während Diana Windsor, geborene Spencer, den Folgen eines Autounfalls erlag, starb die literarische Figur Lady Di einen wahren Filmtod: Verfolgt von wahnwitzigen Bilderdieben, gehetzt von Motorrädern, gefahren von einem aus dem Zwielicht der Geheimdienste stammenden und darüber hinaus angetrunkenen Sicherheitsangestellten, unangeschnallt in einem als sicher geltenden Fahrzeug; sie stirbt in einem Tunnel, auf dem Weg zum Haus des Herzogs von Windsor und direkt unter einer Kopie der Freiheitsstatue von New York. Welch ein Tod! Und sicher doch einer – weil es dem »geschockten« Publikum anders nicht erträglich scheint –, hinter dem ein tieferer Sinn steckt. Eine Verschwörung etwa, vielleicht durch »das Establishment«, wie der trauernde Mohammed al-Fayed sich zu mutmaßen traute, oder durch die Geheimdienste, durch »irgendwelche Militärs« – ein Mord jedenfalls, mindestens. Oder ein Selbstmord zweier Liebender? Oder eine Inszenierung ebensolcher, um heute ungestört auf einer fernen Insel zu weilen? Wie gut, daß es einen verschollenen Zeugen gibt, einen mysteriösen und ebenso verschollenen weißen Fiat Uno, vielleicht auch einen »sehr hellen Blitz« und …

Der Unglücksfall von Paris erinnert nicht nur in seiner Rätselhaftigkeit und historischen Dimension an das Kennedy-Attentat im November 1963. In Paris wie Dallas haben sich die Untersuchungskommissionen und Behörden kleine Fehler, Unsauberkeiten erlaubt, die den Spekulationen der Verschwörungstheoretiker Nahrung gaben. Hier wie dort ergibt keiner der zahlreichen Verschwörungsplots eine klare oder gar endgültige Variante, die alle Unbekannten zufriedenstellend berücksichtigen würde. Der amerikanische Schriftsteller Don DeLillo hat über die Ermordung des Präsidenten einen Roman geschrieben, in dem sich aus den verschiedenen Plots schließlich ein Meta-Plot ergibt; der Präsident wäre demnach gewissermaßen am inneren Zwang der Summe aller unabhängigen, aber jeweils für sich gänzlich erfolglosen Verschwörungen zu Tode gekommen. Mystik? Im Internet wird es in den nächsten Jahren an Theorien über den Hergang des tödlichen Unfalls der Prinzessin von Wales nicht mangeln.

Literarisch gesehen, ist ihr Tod womöglich genauso unvermeidbar gewesen wie der, den der Amateurfilmer Zapruder mit seiner wakkeligen Kamera für die Nachwelt konserviert hat. In der Wirklichkeit ist Diana an den Folgen eines Unfalls gestorben – Grund: überhöhte Geschwindigkeit, Streß und Alkohol. Und in der Wirklichkeit ist das – gänzlich unzynisch gesprochen – ein ebenso sinnloser wie banaler Allerweltstod.

Es wurde ja bereits zur Genüge belegt: Es gehört nicht zu den Gepflogenheiten des Hofes, über die persönlichsten Momente im Leben der Windsor-Familie Auskunft zu erteilen. Bekannt ist, daß Charles bereits etwa 20 Minuten nach dem Unfall über die französische Botschaft in London erfährt, daß die Mutter seiner Söhne schwer verletzt ist. Charles hält sich mit William und Harry auf Schloß Balmoral auf, wie sooft in diesem Sommer; auch die Königin ist da und der Herzog von Edinburgh, sein Vater. Charles informiert die Eltern, aber er läßt seine Kinder schlafen – das Trauma einer halb durchwachten Nacht erspart er ihnen auch dann noch, als er um 2.50 Uhr, also deutlich vor den Agenturen, von der Regierung die Nachricht vom Tod Dianas übermittelt bekommt. Sein künftiges Volk erhält die Bestätigung vom Tod der Märchenprinzessin um 4.14 Uhr durch die britische Presseagentur PA. Beim *Observer* und der *Sunday Times* werden ein letztes Mal in dieser Nacht die Druckmaschinen angehalten, um eine endgültige Sonderausgabe aufzulegen.

Der Tod Dianas wirft das Königreich an diesem Sonntagmorgen völlig aus der Balance – und eindrucksvolle Teile der Restwelt dazu. Das Leben von Millionen verändert sich mit der Nachricht und nimmt, vielleicht unfreiwillig, aber keineswegs nur von den Medien gesteuert, eine sonderbare Stille an. Vor dem Kensington Palace, dem letzten Wohnsitz der Prinzessin, beginnen schon am Sonntagmittag flüsternde Menschentrauben, Blumen abzulegen, an Diana adressierte Postkarten und Briefe, ein paar Kuscheltiere. Das Ablegen von Blumen wird spontan zur kollektiven Trauerhandlung, geschwind als sakrales Ritual an einem säkularisierten Altar interpretierbar. Am Montag schon ist aus den Blumengaben ein Blumenmeer geworden, eine Woche später aus dem Meer ein Ozean, über dem ein eigenartiger Duftschleier liegt, eine Mischung aus einsetzender Verwesung und dem Parfum der frischen Blüten. Der Ozean ist weiß.

Die Briten haben, tragikomisch, die Blumen in ihren Plastikhüllen verpackt aneinandergereiht.

Niemand hätte solch einen Ausbruch öffentlicher Trauer erwartet, ausgerechnet im unterkühlten England – so wenig, wie allerdings irgend jemand darauf vorbereitet gewesen war, daß Diana bei einem Unfall sterben sollte. Die BBC zieht eilig ihre Notfallregister, die sie für das (wesentlich wahrscheinlichere) Ableben der damals 97jährigen Königinmutter ausgearbeitet hat – und sendet bis Montagabend Sonderprogramme. Wer nicht reagieren kann, schaltet einfach einen Gang herunter. Die einschlägigen Pop-Sender legen Klassik vom Endlosband auf.

Es gibt Leute, die schnell und hochprofessionell mit der Nachricht umgehen. Der Premierminister Tony Blair zum Beispiel, dessen Sprecher Alastair Campbell ihm für einen kurzen Auftritt vor dem sonntäglichen Kirchgang das geniale Wort der »Königin der Herzen« in den Mund legt, was im Englischen dem Ausdruck für die Herzdame in einem Kartenspiel gleicht. Oder Andrew Morton, Dianas Biograph, der mit der redaktionellen Überarbeitung seines Buches zwecks Neuauflage beginnt, noch bevor der Leichnam der Prinzessin in der Privatkapelle von St. James aufgebahrt liegt.

Und die Queen? Daß sie als Großmutter ihre tröstende Rolle spielt, mag man ihr nicht absprechen – sie hält Harry und William in Balmoral abgeschirmt vor dem neugierigen und unbarmherzigen Auge der Welt und läßt auch das Kindermädchen im Ruhestand Tiggy Legge-Burke einfliegen, als emotionale Stütze für die beiden Teenager. Aber als Staatsoberhaupt? Elisabeths Verhalten in den Tagen nach dem Unglück wird zur harten Prüfung für die Imageberater des Hofes. Mit steinernen, unbewegten Gesichtern rauscht die Königliche Familie am Sonntagmorgen zur Kirche, während der Hofsprecher mit langweiligen Floskeln um sich wirft. Weder in Buckingham Palace noch in Kensington gibt der Königshof irgendwie zu erkennen, daß er den emotionalen Absturz seiner Untertanen teilt. Keine schwarzen Bänder, keine Fahnen auf halbmast, nichts. Selbst die Prinzen Andrew und Edward bleiben bis zum Donnerstag unsichtbar, als die Boulevardmedien bereits zum Sturm auf das Hofprotokoll geblasen haben. Am Freitag, endlich, spricht die Queen zu ihrem Volk. Das ist aber schon längst ungehalten über ihr zögerliches

Schweigen und läßt ihr, über die Verstärkerfunktion der Boulevardblätter, das Mißfallen aussprechen. Alle sitzen vor den Fernsehgerä-
ten und lauschen, aber niemand mehr hört richtig zu. Das Urteil darüber, ob die Königin bei der Gratwanderung zwischen dem Interesse
der Öffentlichkeit und dem der Privatsphäre die richtige Balance gefunden hat, ist schon zuungunsten der Familie gefallen.

So sind die Voraussetzungen gegeben, um eine Legende entstehen
zu lassen, die dann durch die erwähnte Rede Charles Spencers in der
Abbey noch Kraftfutter erhalten wird: Daß das Volk nicht nur um
die Diana trauert, die es zeit ihres Lebens als Traumprinzessin und
Mode-Idol angehimmelt hat; sondern daß das Volk seine Fürspre-
cherin am Hofe verloren hat, die Modernisiererin, die der Monarchie
ein neues Antlitz schenken wollte, ein passenderes zum Ende dieses
Jahrhunderts. Und daß die Queen sich an der Toten schuldig gemacht hat, weil sie aus schierer Eifersucht und Gefühlskälte die
überlebende Botschaft der Prinzessin nicht aufnehmen will. Es ist
eine gute Legende, die da entsteht. Sie läßt sich mit allerlei Indizien
unterfüttern, und sie ist wunderbar verwertbar für die Zeitungen jener Tage.

Eigentlich ist es überflüssig, sich an der Diskussion zu beteiligen,
wieviel Schrecken die Königin tatsächlich empfunden hat beim
Empfang der Todesnachricht aus Paris, wieviel tatsächliche Trauer
oder wieviel Erleichterung darüber, daß die nervenaufreibende Geschichte Dianas damit ein Ende gefunden hat. Überflüssig, weil jeder Gedanke darüber rein spekulativ bleiben muß. Elisabeth hat sich
jedenfalls nie als kaltlächelnde Intrigantin gezeigt oder als eine er-
wiesen, die die Dinge völlig unabhängig von den eigenen Gefühlen
bewerten kann. Das ist ihr doch gerade immer wieder vorgeworfen
worden: Daß Elisabeth – ob in der Bewältigung der Peter Townsend-
Affäre oder im Umgang mit den Ehen ihrer Kinder – nicht zu einer
politischen Entscheidung fähig gewesen, sondern in ihrer Unfähig-
keit zur Auseinandersetzung immer unentschlossen und passiv geblieben ist.

Es gibt durchaus Hinweise darauf, daß Charles sich mit seinem
Vorhaben, die Leiche Dianas persönlich aus Paris abzuholen, gegen
den Willen seiner Mutter durchsetzen mußte; daß es auch Widerstand gab von seiten des Königspaares, im Ablauf der Trauerfeier-
lichkeiten Elemente zuzulassen, die einem Staatsbegräbnis ähnlich

Diana wurde zu Lebzeiten für ihre Nahbarkeit geliebt,
heute ist sie längst in den Olymp der Massen-Idole
eingezogen – Seite an Seite mit John F. Kennedy, John
Lennon und Marylin Monroe. Königin Elisabeth II.
dagegen wird bis heute für ihre tadellose Verkörperung

gewesen wären. Die Palastbürokratie hat sich zweifellos und bis ins
Groteske hinein unflexibel gezeigt. Aber hat Elisabeth damit wirklich ein postumes Urteil gegen Diana gefällt, wie es manche erbos-
ten Kritiker glaubten und glauben? Hat sie wirklich »Rache« geübt
an der Toten für die Unruhe, die die Prinzessin in die britische Monarchie gebracht hat? Es wäre doch zumindest sehr überraschend,
wenn man sich vor Augen führt, wie sich die Königin in all den
Jahrzehnten zuvor intern und extern verhalten hat. Naheliegender
ist doch die Erklärung, daß die Königin das tat, was sie stets getan
hat, weil sie es schon von ihren Eltern so gelernt hat: sich zurückzuziehen und auf die Konventionen verlassen. Elisabeth erstarrt angesichts der globalen Kraft des Trauerns. Das ist zwar bedauerlich genug, aber eine Wahl hatte sie vermutlich nie.

der Monarchie respektiert, aber auch ihr ist mehr als nur ein Eintrag in den Geschichtsbüchern sicher: 2002 wird sie ihr *Golden Jubilee* feiern können, 50 Jahre an der Spitze des Königshauses.

Was im Augenblick der Emotionen in den britischen Zeitungen geschrieben worden ist, hat keinen Ewigkeitswert angenommen. Manche Aufregung hat sich im Buchformat gerettet, was aber ebensowenig überzeugt: Julie Burchill und Kitty Kelly etwa haben ihre unmittelbaren Gefühlswallungen in Sätze gegossen, die ihnen heute eigentlich nur peinlich sein können. Denn was damals niemand für möglich gehalten hat, ist passiert: Das zweiwöchige Dauertrauern um die tote Prinzessin und der monetäre Fluß in die größte Spenden-Stiftung der britischen Nachkriegszeit hat im Königreich eine wahrscheinlich notwendige Gegenreaktion erzeugt – eine »Diana-Müdigkeit«. Von tränenreichen Ausbrüchen war schon beim ersten Todestag nur in Einzelfällen etwas zu sehen oder zu hören. Die Apotheose, die Vergötterung Dianas hat sich von alleine eingestellt:

»Diana bedarf der Ikonisierung nicht, weil sie als Mensch schon gut genug war«, schreibt Nicci Gerrard. Selbst Althorp, wo Dianas Bruder Charles seiner Schwester, aber vor allem sich selbst ein Denkmal gesetzt hat, ist die Hysterie verschwunden. Tickets an der Tageskasse. Wer hätte das erwartet?

Vielleicht Elisabeth. In der feinen Sprache ihres Pressesekretärs Sir Geoffrey Crawford stellt die Königin die Angelegenheiten des Tages »gerne in eine weiter gefaßte Perspektive«. Im Februar 2002 wird sie, wenn es die bislang äußerst stabile Gesundheit mitmacht, ihr *Golden Jubilee* feiern: das fünfzigste Jahr auf dem Thron. In den vergangenen tausend Jahren haben das im Königreich nur fünf ihrer Vorfahren geschafft – Schotten inklusive: Heinrich III., William I. und James VI. von Scotland, George III. und die große Königin Victoria. Mit diesem historischen Gepäck im Rücken hat sich Elisabeth über ein halbes Jahrhundert hinweg angewöhnt, die Stimmungsschwankungen in Sachen Anerkennung der Monarchie mit einer gewissen Gelassenheit zur Kenntnis zu nehmen.

Nicht, daß es ihr egal wäre. Sie selbst hat das, wie beschrieben, in der berühmten Guildhall-Rede 1992 erwähnt: Daß die Monarchie der Unterstützung der Untertanen bedarf. In den prunkvollen, aber zugleich etwas fahlen Gängen von Buckingham Palace hat deshalb schon seit Jahren ein langsamer, behutsamer Prozeß der Modernisierung eingesetzt, der – Originalton Crawford – »in den vergangenen Jahren sicher zusätzliche Impulse empfangen hat.«

Aber Modernisierung ist eine heikle Angelegenheit. In den Tagen nach dem Tod Dianas träumten die Republikaner im Lande von einer Abschaffung des Königshauses, redeten die Marketing-Experten der Unterhaltungsindustrie von einer kommerziell besser »verwertbaren« Königsfamilie, schwärmten die Berater der New-Labour-Regierung Tony Blairs von einer »volksnahen« Königin. Mark Leonard, das Wunderkind unter den Blairisten, schrieb in seinem Pamphlet *Modernising the Monarchy* gar von einem Referendum, mit dem die Bürger im Königreich künftig – nach dem Tod Elisabeths II. – ihren neuen König Charles III. akklamatorisch bestätigen sollen. Und fröhlich spekuliert alle Welt darüber, ob nicht vielleicht Prinz William seinen Vater »überholen« sollte, zumal wenn jener seine Langzeitgeliebte Camilla noch heiraten würde.

»Die Monarchie wandelt sich, aber sie kann sich nur schrittweise wandeln«, heißt es am Hof. Nur *trendy* sein, des Trends willen, das will und kann die Königliche Familie nicht, weil ihre Bedeutung nicht zuletzt aus der Tradition kommt. Man versucht, in der Modernisierung die »Würde« zu erhalten, die ein nicht zu unterschätzender Teil der Untertanen auch weiterhin einfordern wird. Man sucht Volksnähe, ohne volkstümlich zu werden. Die Königin beginnt, sich ihren Untertanen anzunähern; sie setzt sich, obwohl sie von Natur aus eher ein wenig schüchtern ist, mittlerweile direkt neben die Menschen, die sie besucht, und unterhält sich von Angesicht zu Angesicht mit ihnen. Ein Bier im Pub an der Ecke zu trinken – das tut sie wiederum nicht.

Diana hätte das getan, vermutlich. Sie hat »angefaßt«. Sie hat der spröden britischen Monarchie eine neue Dimension gegeben, die viele ihrer Anhänger als Wärme verstanden haben. Diana hat dem Hof damit eine Richtung gewiesen, in die der Apparat nach ihrem Tode auch tatsächlich zieht, wie gemächlich auch immer. In dem Auf und Ab ihres Lebens, in der Unbeständigkeit ihrer persönlichen Beziehungen hat Diana ihrer Gegenspielerin Elisabeth allerdings nicht nur den Weg gewiesen, den die Monarchie unweigerlich gehen muß, wenn sie überleben will. Sie hat dem Oberhaupt der Königlichen Familie auch die Warnung hinterlassen, was diese gefälligst unterlassen sollte, wenn die Söhne Dianas, William und Harry, ein lebenswertes Leben haben sollen. Die Öffentlichkeit, die die Prinzessin nach dem Unfall von Paris zumindest für eine Weile zur Heiligen gemacht hat, hat ihr in ihren letzten Jahren ihre Nahbarkeit mit der Zerstörung des Privaten gedankt. Selbst wenn Diana am Ende glücklich war, verliebt in den Märchenmann Dodi, so ist sie in ihrer höfischen Karriere doch gescheitert. Auch daran wird sich Elisabeth erinnern, wenn sie in Zukunft an Diana denkt.

Zeittafel

21. April 1926	Geburt der Prinzessin Elizabeth Alexandra Mary von York um 2.40 Uhr im Hause der Großeltern mütterlicherseits, 17 Bruton Street, London, als Tochter von Herzog Albert von York und Herzogin Elisabeth, geborene Bowes-Lyon.
1936	Georg V., Elisabeths Großvater, stirbt am 20. Januar. David, Prinz von Wales, übernimmt den Thron als Edward VIII., tritt aber am 11. Dezember zuruck, um Wallis Simpson heiraten zu können. Elisabeths Vater Albert wird König Georg VI.
22. Juli 1939	Erstes Treffen Elisabeths mit Philip Mountbatten.
Mai 1940	Kriegserklärung gegen Deutschland: Für die Prinzessinnen beginnt die »Kriegsverschickung« auf die Burg Windsor. Winston Churchill wird erstmals Premierminister.
Februar 1947	Reise der Königlichen Familie nach Südafrika: historische Rede Elisabeths an ihrem 21. Geburtstag in Kapstadt.
August 1947	Indien wird unabhängig, der König verliert den Kaiser Titel (*Emperor*).
20. November 1947	Traumhochzeit Prinzessin Elisabeths mit Prinz Philip.
14. November 1948	Geburt von Prinz Charles Philip Arthur George, als Erstgeborener auch Herzog von Cornwall.
15. August 1950	Geburt von Prinzessin Anne Elizabeth Alice Louise.
6. Februar 1952	Tod Georgs VI., Elisabeth wird zur Königin ausgerufen.
2. Juni 1953	Die Krönungsfeierlichkeiten für Elisabeth II. finden statt.
Oktober 1954	Affäre um die Verlobung zwischen Prinzessin Margaret und Peter Townsend.
19. Februar 1960	Geburt von Prinz Andrew Albert Christian Edward.
1. Juli 1961	Geburt von Diana Spencer als Tochter von Johnnie,

	Viscount Althorp, und Frances, geborene Roche, (Lady Fermoy).
10. März 1964	Geburt von Edward Antony Richard Louis.
Juni 1968	Scheidung der Ehe Spencer, Frances Spencer heiratet später Peter Kydd.
14. November 1973	Heirat von Prinzessin Anne mit dem bürgerlichen Mark Phillips.
16. März 1976	Buckingham Palace verkündet die Trennung Prinzessin Margarets von Lord Snowdon. Die Roderick Llewellyn-Affäre beginnt.
November 1977	Lady Diana trifft Prinz Charles beim Schießen in Althorp.
Juli 1980	Diana trifft Prince Charles bei Robert und Phillipa de Pass in Petworth, West Sussex . Charles kauft Highgrove.
29. Juli 1981	Traumhochzeit zwischen Prinz Charles und Prinzessin Diana in der St. Paul's Cathedral.
21. Juni 82	Geburt von Prinz William Arthur. Erste Geschichten über Dianas Magersucht erscheinen in der Presse.
15. September 1984	Geburt von Harry Albert und laut Diana »internes« Ende der Ehe.
23. Juli 1986	Hochzeit Prinz Andrews mit Sarah »Fergie« Ferguson.
1992– »Annus horribilis«	Im März wird die Trennung von Andrew und Fergie bekanntgegeben. In einem Buch von Lady Colin Campbell wird behauptet, Diana habe vier Geliebte gehabt. Am 29. März stirbt Earl Johnnie Spencer von Althorp, Dianas Vater. Streit um Charles' Teilnahme an der Beerdigung. Im April wird die Scheidung der Ehe zwischen Anne und Mark Phillips verkündet. Im Juni erscheint Andrew Mortons *Diana – Her True Life* in der *Sunday Times*. Im August druckt der *Mirror* ein Bild der barbusigen Sarah Ferguson in Begleitung John Bryans – »Fergiegate«. In der *Sun* erscheinen die Abschriften der »Squidgy«-Bänder – »Squidgygate«. Im September bringt wiederum die *Sun* die »Camillagate«-Bänder heraus. Im November brennt Windsor Castle, die Königin hält die Guildhall-Rede und gibt das Steuerprivileg auf. Im Dezember heiratet Anne den Offizier Timothy Laurence. Drei Tage später wird die Trennung von Prinz Charles und Lady Diana bekanntgegeben.
September 1994	*The Prince of Wales* von Jonathan Dimbleby erscheint, Prinz Charles wird von ITN interviewt.
20. November 1995	Diana rächt sich mit dem »Panorama«-Interview in der BBC.
28. August 1996	Die Scheidung der Ehe zwischen Prinzessin Diana und Prinz Charles wird bekanntgegeben. Diana verliert den

	Titel ›Königliche Hoheit‹ und wird zu Diana, Prinzessin von Wales.
31. August 1997	Die Sommer-Affäre der Prinzessin mit dem Milliardärssohn Dodi al-Fayed endet mit dem tödlichen Unfall von Paris.
6. September 1997	Die Beerdigung von Diana findet statt. Verneigung der Queen vor dem vorbeiziehenden Sarg.
November 1997	Königin Elisabeth II. feiert ihre goldene Hochzeit.
Juni 1999	Königin Elisabeth II. feiert ihren 73. Geburtstag. Am 20. Juni findet die vermutlich letzte Traumhochzeit des Jahrhunderts zwischen Prinz Edward und Sophie Rhys-Jones statt. Viele fühlen sich an Charles und Diana erinnert.

Literatur

Bradford, Sarah: *Elizabeth II. Ihre Majestät die Königin*, Bergisch Gladbach 1996
Burchill, Julie: *Diana*, Hamburg 1998
Chance, Michael: *Our Princesses and their Dogs*, London 1936
Delorm, Rene: *Diana und Dodi*, München 1998
Dimbleby, Jonathan: *The Prince of Wales*, London 1994
Harris, Kenneth: *The Queen*, London 1994
Holden, Anthony: *Charles*, London 1998
Hutchins, Chris / Midgley, Dominic: *Diana on the Edge*, London 1997
Kelly, Kitty: *Die Royals. Glanz und Elend einer englischen Familie*, Bergisch Gladbach 1998
Lacey, Robert: *Majesty. Elizabeth II and the House of Windsor*, London 1977
Morton, Andrew: *Diana. Ihre wahre Geschichte in ihren eigenen Worten*, München 1997
Peters, Sibylle / Jentz Janina: *Diana oder Die perfekte Tragödie*, Köln 1998
Pimlott, Ben: *The Queen*, London 1996
Webson, Douglas P.: *Diana lebt*, München 1998
Whitaker, James: *Charles gegen Diana*, München 1993
Wieland, Rayk (Hrsg.): *The Neurose of England*, Hamburg 1998

Ich danke ...
zudem Professor Ben Pimlott, Mark Leonard und meinen anonymen Quellen für ihre Hilfe und Unterstützung sowie der Presseabteilung des Buckingham Palace für die Gewährung generöser Einblicke.
Tom Levine

Bildnachweis